El hombre
con el tatuaje de hierro

El hombre con el tatuaje de hierro

Los médicos aprenden de sus pacientes

John E. Castaldo
Lawrence P. Levitt

Traducción de Albert Figueras

Plataforma Editorial
Barcelona

Título original: *The man with the iron tattoo*

Primera edición en esta colección: Octubre 2009

Plataforma Editorial
Plaça Francesc Macià 8-9 – 08029 Barcelona
Tel.: (+34) 93 494 79 99 – Fax: (+34) 93 419 23 14
www.plataformaeditorial.com
info@plataformaeditorial.com

Depósito legal: B. 40.757-2009
ISBN: 978-84-96981-61-4
Printed in Spain – Impreso en España

Diseño de cubierta:
María José del Rey

Fotocomposición:
Grafime. Mallorca 1. 08014 Barcelona
www.grafime.com

El papel que se ha utilizado para imprimir este libro proviene
de explotaciones forestales controladas, donde se respetan
los valores ecológicos, sociales y el desarrollo sostenible del bosque.

Impresión:
Romanyà-Valls; Verdaguer, 1 – Capellades (Barcelona)
www.romanyavalls.com

Índice

Dedicamos este libro a nuestros padres, Lillian y William Castaldo, y Esther y Morris Levitt, cuyo ejemplo nos inspiró; a nuestras esposas, Karen y Eva, que nos han animado en la tarea, y a nuestros hijos, David, Mark, Nicholas, Steph, Jeff, Adam, Marc y Lora: esperamos que descubran la sabiduría poco frecuente de estas historias y que dejen que les enriquezca sus vidas de la misma manera que ha enriquecido las nuestras.

Agradecimientos

Primero y principal, damos las gracias y expresamos nuestro aprecio a la editora, Marian Sandmaier. Su ayuda para corregir y mejorar nuestro manuscrito resultó ser esencial. La consideramos mentora, colega y amiga.

En segundo lugar, damos las gracias a todas aquellas personas que nos animaron a continuar con el proyecto desde el principio hasta el fin, y que han leído críticamente su contenido: Frank Dattilio, William Ferretti, Robert Gordon, Marc Levitt, Judy y Alan Morrison, Anthony Muir y Deena Scoblionko.

Damos las gracias a nuestro agente, Frank Weimann, y a nuestros colegas del BenBella, sobre todo a Glenn Yeffeth, Laura Watkins, Jennifer Thomason y Yara Abuata, por su estímulo y profesionalidad durante todo este proyecto.

J.E.C. y L.P.L.

Prólogo

La necesaria solidez de la relación entre el médico y sus pacientes

La sociedad a menudo retrata a los médicos como sabios que usan bata blanca, que se pasan la mitad del tiempo estudiando para conocer los avances en los distintos campos que abarca la medicina y, la otra mitad, curando a los pacientes que llegan a su consulta. A lo largo de la historia, este retrato ha ido tomando distintos matices, desde una especie de brujo o de oráculo inaccesible y superior, hasta el científico solícito y abnegado que siempre tiene un momento para quien reclama su atención entre guardia y guardia. Sin embargo, visto con los ojos de un médico del siglo XXI, ninguna de estas semejanzas dibuja con precisión nuestro trabajo diario.

En las últimas décadas, algunas series televisivas de éxito han tratado de revisar estos conceptos, mostrando al médico como una persona con profundos conocimientos sobre cómo enferma el cuerpo, pero también como una persona que se angustia, que se enamora, que se siente frustrada o desconcertada, que está agotada tras dos días sin dormir, que a veces tiene miedo de no conocer del todo qué se esconde tras un síntoma o que teme que le haya pasado por alto algún tratamiento remoto para un paciente complicado, algo que proporcione, ni que sea, un hilo de esperanza para él. En este sentido, las series televisivas están bien, pero quién las ve, probablemente tiene presente que se trata sólo de ficción, y siempre le queda la duda de hasta qué punto en ellas se exagera o se distorsiona la realidad.

Por esto me interesó mucho leer *El hombre con el tatuaje de hierro*, un magnífico libro escrito por los doctores John E. Castaldo y Lawrence P. Levitt, dos médicos con larga experiencia que han seleccionado trece de los centenares de pacientes con quienes sin duda se han cruzado a lo largo de sus vidas profesionales. Castaldo y Levitt nos explican el caso clínico de estos pacientes, no sólo con la belleza del buen narrador de historias, no sólo con aquel punto de intriga que nos obliga a leer con avidez hasta la última palabra, sino también sabiendo dar a cada narración la llama de pasión que contagia las emociones tanto del médico como de la persona enferma que la protagoniza.

Y es que una de las grandes cualidades del libro que ahora mismo tiene en sus manos es, precisamente, que los personajes no son sólo personajes literarios, sino personas. Personas de carne y hueso que se enfrentan al dolor y a la desesperación que les provoca cualquier enfermedad grave, aunque –y éste es un común denominador de cada uno de los casos clínicos que podrá leer a continuación–

tratan de luchar de una manera positiva, hasta el punto que, sea cuál sea el desenlace de la enfermedad –todos sabemos que a veces la curación no es posible–, al terminar la última frase de cada historia nos queda el agradable sabor de boca de que alguien aprendió alguna cosa, ya sea el paciente, los familiares que le acompañaban o incluso los médicos que le atendieron, los autores de *El hombre con el tatuaje de hierro.*

Los médicos también aprendemos de los pacientes; quizás ésta es una de las enseñanzas más interesantes del libro. Y este aspecto deberíamos recordarlo todos los que tenemos la oportunidad de dedicarnos a la docencia de la Medicina, ya sea desde la tarima de un aula de la facultad o, día a día, entre los numerosos estudiantes y médicos residentes que pasan visita a nuestro lado. ¡Pobre del médico que se cree formado cuando termina su carrera y que no esté abierto a aprender, no sólo de los gruesos libros y de las numerosas revistas que encontrará en la biblioteca, sino también de todos y cada uno de los pacientes que vaya atendiendo!

Por otra parte, todos –como pacientes que somos o inevitablemente seremos algún día– también tenemos la oportunidad de aprender algo esencial al leer los casos que nos relatan Levitt y Castaldo: el valor terapéutico que tiene por sí sola la voluntad de curarse y salir adelante, la voluntad de sobreponerse. Del mismo modo, aprendemos que quienes acompañan a un paciente –es decir, también todos, en un momento u otro de la vida– pueden ejercer un efecto positivo indudable sobre la evolución del enfermo, mediante su presencia, su humor o por el hecho de cogerle la mano con cariño y esperanza. Curiosamente empiezan a haber estudios científicos bien fundamentados que demuestran con datos ambas cosas: el poder *terapéutico* de quienes acompañan al enfermo y el poder *terapéutico* de uno mismo, dos factores que, quede bien claro, no sustituyen nunca ni a los médicos ni a los medicamentos, pero sí contribuyen, sí suman.

El hombre con el tatuaje de hierro es un título que, a primera vista, parece extraño. Sin embargo, uno lo entiende perfectamente cuando lee la historia sobre un curioso tatuaje persa que tiene un ex militar todavía más curioso. Éste y los demás pacientes que aparecen en el libro tienen algún problema de base neurológica o algún problema que concierne a esta especialidad, la neurología. No en vano los dos autores son neurólogos.

En este libro hay historias vívidamente descritas de personas con migraña, ictus, demencias, esclerosis múltiple, enfermedad de Alzheimer o enfermedad de Parkinson, entre otras. Son dolencias que nosotros mismos o alguna persona próxima padece o ha padecido y que, en *El hombre con el tatuaje de hierro*, se llenan de esperanza y de humanidad. La neurología, quizás a diferencia de otras especialidades médicas, no se dedica a las disfunciones de un órgano concreto y circunscrito, sino que aborda alteraciones relacionadas con el sistema nervioso, sus células, sus neurotransmisores y los impulsos eléctricos con que se comunican. Es decir, dolencias cuyas consecuencias se pueden extender por todo el cuerpo.

Éstas son las enfermedades que padecen algunos de los pacientes que describen los doctores Levitt y Castaldo, y lo hacen de un modo tan detallado, tan realista y tan *touchant*, que pienso que lo mejor es que no me extienda más para dejar paso a su voz cálida y, sobre todo, extremadamente humana.

Si hay algo que la moderna medicina está perdiendo como consecuencia de la progresiva tecnificación de cada especialidad y de la enorme presión asistencial de nuestros sistemas de salud, eso es la solidez de la relación entre el médico y el paciente, un elemento que sigue siendo clave en el proceso de curación. Una parte muy importante del éxito profesional de estos dos neurólogos se debe, precisamente, a la buena relación que establecen con sus pacientes. Y esto es algo que no enseñan los libros de texto y que difícilmente se puede enseñar desde el estrado de la facultad; esto es algo que nos enseñan cada día los pacientes o testimonios como los de *El hombre con el tatuaje de hierro*. ¡Muchas gracias por compartirlo con todos nosotros!

ALBERT FIGUERAS
Autor de *Pequeñas grandes cosas*
www.albertfigueras.com

Introducción

Este libro trata de ciencia y espíritu; trata sobre el esplendor del cerebro humano y sobre la gracia y la valentía de los seres humanos frente a retos desalentadores. También trata de la manera en que las personas se transforman unas a otras, a menudo sin sospecharlo siquiera.

Somos dos neurólogos –«médicos del cerebro»–, compañeros en la ajetreada vida académica y clínica durante más de veinte años. Gran parte de este tiempo compartimos el consultorio, amueblado con una mesa de roble y dos sillas. A medida que la amistad y nuestra colaboración laboral iba consolidándose, aprendimos mucho el uno del otro. Parte de lo que aprendimos hacía referencia a la neurología: esclerosis múltiple, enfermedad de Parkinson, apoplejía, epilepsia y otras enfermedades que afectan el cerebro, la médula espinal, los nervios periféricos y los músculos. Se trata de enfermedades que dan un vuelco súbito y espectacular a la vida: un día el paciente está relativamente bien; al día siguiente, es incapaz de coger una cuchara, andar, hablar o ver. Es un mundo horrorosamente difícil y, a veces, una oportunidad inesperada.

A medida que íbamos aprendiendo más sobre estas alteraciones neurológicas y cómo tratarlas, empezamos a darnos cuenta de que nuestros pacientes también nos proporcionaban más sabiduría –sabiduría sobre cómo vivir–. También aprendíamos mucho de los familiares que, a menudo, se enfrentaban a cambios desgarradores en los seres queridos y, por tanto, en su rol y sus ritmos cotidianos. Nos sentíamos afortunados de que, relativamente pronto en nuestra vida, los pacientes y sus familiares quisieran darnos lecciones que teníamos que aprender.

Así pues, tras escribir numerosos artículos y capítulos de libros para médicos, residentes y estudiantes de medicina, empezamos a escribir sobre los encuentros con algunos de nuestros pacientes en lenguaje sencillo y, creemos, de manera honesta y franca. Todos los casos que presentamos a continuación son verdaderos; sólo hemos cambiado algunos nombres y detalles para proteger la intimidad del paciente y su familia.

Aunque las historias que siguen incluyen numerosos retos médicos intrigantes, en su esencia contienen trastornos emocionales y espirituales, momentos decisivos y huellas de crecimiento. Queremos compartir con el lector los miedos, las añoranzas, las penas y las satisfacciones del hecho de ser médicos, y también la manera en que las personas que hemos tratado nos han cambiado profundamente. Mirando atrás, nos damos cuenta de que la «rara sabiduría» que nuestros pacientes han compartido con nosotros se basa en los valores que antaño nos enseñaron nuestros padres, pero quizás en un momento en el que no estábamos preparados para escucharlos de verdad. Esta sabiduría, anclada en el amor, la fe, el perdón y la curación, constituye el núcleo de este libro.

Esperamos que las historias que está usted a punto de leer no le resulten sólo interesantes, sino que le sean verdaderamente útiles. Este libro se centra en una cuestión esencial que va mucho más allá de lo que concierne al cerebro: frente a un reto persistente, ¿cómo podemos vivir con alegría y esperanza? Es una pregunta que continuamos ponderando y respecto de cuya respuesta aprendemos de nuestros pacientes, colegas, familiares y amigos. Le invitamos a unirse a la conversación.

J.E.C. y L.P.L.

Conexiones enriquecedoras

Encuentro con Leonard

–¿Señora Pool? –pregunté con delicadeza a la mujer frágil y con canas que estaba tumbada inmóvil sobre la cama. No hubo ninguna respuesta–. ¿Señora Pool? –aventuré de nuevo–. ¿Podría decirme cómo se encuentra?

Las sábanas se movieron ligeramente.

–Muy débil –susurró al fin.

Alcanzó a tocarme la mano y volvió a su sueño, dando por terminado el interrogatorio antes de que hubiera empezado.

Yo era médico residente de primer año en el Memorial Sloan-Kettering Cancer Center en la ciudad de Nueva York, y me sentía francamente abrumado. Sabía que acababan de diagnosticar un cáncer de pulmón a Dorothy Pool, y que había venido hasta nuestro hospital desde su casa en Allentown, Pensilvania, tras presentar una debilidad súbita e inexplicable. Sus médicos de Allentown no pudieron averiguar la causa de su precipitada decadencia y, por este motivo, habían aconsejado a su esposo Leonard que la llevara al Sloan-Kettering. Éramos su última esperanza. El señor Pool estaba sentado en una silla al otro lado de la cama de su esposa, mirándome con una mezcla de tristeza y estoicismo. Podía imaginarlo pensando: «Demasiado joven, con poca experiencia. Estamos perdiendo el tiempo».

Me dije que, si el señor Pool estaba pensando eso, probablemente acertara. Yo tenía veintisiete años y todavía estaba un poco verde: repleto de conocimientos teóricos, pero sin demasiada experiencia con pacientes de verdad y, mucho menos, con sus familiares. Mi primer impulso fue salir volando de la habitación, sólo para huir de la tristeza de sus ojos.

–Doctor Levitt –le oí decir–, ¿podríamos hablar un momento?

Con cierta aprensión, me senté en la silla de plástico verde que había frente a él. Esperaba que empezara a acribillarme con preguntas como: «Exactamente, ¿qué piensa hacer para sacar a mi esposa de ese deterioro profundo y súbito? ¿Qué tratamientos probará? ¿Qué posibilidades tiene?». Pero Leonard Pool me miró y sonrió.

–¡Qué bien, que nos ayude! –dijo, sencillamente.

Era un hombre delgado, estaba en forma y tenía la mirada alerta; aparentaba sesenta años, unos cuantos menos que su esposa. Llevaba pantalones de pana y una camisa de cuadros escoceses de franela; tenía el aspecto de ser una persona que hubiera trabajado al aire libre durante toda su vida.

–Le aseguro que haremos todo lo posible –dije con mayor convicción de la que sentía–. Quizá pueda explicarme alguna cosa más sobre la afección de su esposa.

Asintiendo, me explicó que, a comienzos de aquel año, a Dorothy le habían diagnosticado un cáncer de pulmón, después de tres décadas de encender un cigarrillo con el otro.

–Intenté convencerla de que lo dejara, pero... –su voz se apagó mientras meneaba la cabeza.

Luego explicó que, tras un ciclo de radioterapia, había recuperado parcialmente sus fuerzas. Salía con las amigas, paseaba por el campo, y hasta había hecho un viaje a Detroit para visitar a su hermana. Dos semanas atrás, de repente, se había sentido extraordinariamente exhausta.

–Como si le hubieran robado todas sus fuerzas –explicó el señor Pool–. Estaba tan débil que apenas podía mantenerse de pie.

Suspiró profundamente y miró por la ventana hacia el aparcamiento del hospital. Gruesas venas le recorrían las manos, que se agarraban a los costados de la silla. De alguna manera, percibía que estaba imaginando la muerte de su esposa.

Por segunda vez en diez minutos, tenía ganas de salir corriendo de la habitación. Me parecía una responsabilidad excesiva, no sólo diagnosticar y tratar los extraños síntomas de esa mujer, sino saber que en el mismo cesto había muchos sentimientos: imaginaba toda una vida de amor y protección. ¿Y si no podíamos ayudarla?

–Bueno –dije torpemente–, intente no preocuparse.

«Brillante, Levitt –pensé–. ¿Por qué debería dejar de preocuparse?»

–Trataremos de hacer todo lo posible para ayudar a la señora Pool –añadí sin demasiada convicción.

Ya no aguantaba más. Me levanté de la silla, inventé alguna excusa tonta y salí al pasillo.

Durante los dos días siguientes estuve trabajando con mi médico jefe, el doctor William Geller, para intentar descubrir la causa de la misteriosa debilidad de Dorothy Pool. Pedimos un análisis de sangre, algo que marca la rutina de ingreso en el hospital, pero que normalmente no revela nada importante. Sin embargo, cuando estudiamos los resultados de la analítica de la señora Pool, surgió nuestra primera pista: una sal sanguínea clave, el sodio plasmático, había descendido hasta alcanzar un valor peligroso. El sodio había bajado hasta el punto en que era posible que un exceso de líquido inundara los delicados tejidos cerebrales, algo capaz de provocar exactamente el tipo de debilidad y letargia progresivas que presentaba Dorothy Pool. Tanto el doctor Geller como yo sabíamos que si no descubríamos inmediatamente la causa de esa disminución del sodio en la sangre y la tratábamos, la señora Pool moriría pronto.

El doctor Geller me mandó investigar sobre el tipo de cáncer de la señora Pool, conocido como carcinoma de células pequeñas. Estábamos en 1967, faltaba mucho para que Internet hiciera de la búsqueda de cuestiones médicas un asunto de un par de clics del ratón. En aquel momento, bajamos tres pisos hasta la biblioteca del hospital y empezamos a buscar nuestro tema en una colección de volúmenes de cuatro kilos conocidos como el *Index Medicus*. Este proceso nos condujo a números concretos de las revistas médicas que contenían artículos sobre el asunto que investigábamos. A continuación, peinamos los estantes de la cavernosa biblioteca hasta dar con las revistas. Finalmente, nos sentamos a leer los artículos más relevantes.

Mientras me agachaba frente a un carrito de biblioteca con un montón de revistas, volví a pensar en la cara del señor Pool mientras miraba hacia el aparcamiento, con esa mezcla de tristeza, abstención y dolor no disimulado. Me di cuenta de cuánto deseaba aliviar a su esposa... y a él. Con todo, teniendo en cuenta su situación, tan crítica, ¿qué posibilidades tenía? Mientras pensaba en todo eso, hojeaba un estudio sobre el carcinoma de células pequeñas en una revista médica conocida. De pronto, me erguí. El tumor de células pequeñas, leí, se diferenciaba por su capacidad de segregar una sustancia potencialmente mortal llamada hormona antidiurética. Sabía que, en personas sanas, esta hormona se producía en cantidades muy pequeñas en la glándula hipófisis. Pero en algunos pacientes con cáncer, proseguía el artículo, el propio tumor era capaz de fabricarla en cantidades tóxicas y causar estragos en la capacidad corporal para regular la sal y el agua.

Con el corazón palpitando, continué leyendo. El tratamiento más eficaz para esta alteración, conocida como síndrome de Secreción Inadecuada de Hormona Antidiurética (SIHA), consistía en restringir la ingestión de agua, porque eso provocaba la elevación del sodio hasta concentraciones normales. Rápidamente hice una fotocopia del estudio y subí las escaleras para reunirme con el doctor Geller. Echó un vistazo al artículo, asintiendo varias veces mientras lo hacía. Luego me miró, sonriendo.

–Empecemos de una vez.

Fuimos juntos hasta la habitación de Dorothy Pool para explicarle al señor Pool el tratamiento que le recomendábamos. Le dijimos que, aunque la «restricción de agua» podía parecer una medida bastante draconiana, en realidad proponíamos a la señora Pool que se limitara a beber el equivalente a tres vasos de agua al día –menos de la mitad de lo que solemos beber cualquiera de nosotros, pero suficiente para evitar la sed–. Mientras estábamos junto a la cama comentándole el plan, observé cómo el rostro del señor Pool brillaba esperanzado.

–Pensamos que será un tratamiento muy eficaz –le dijo el doctor Geller–, pero, naturalmente, no podemos garantizarle que elimine los síntomas de la señora Pool.

Al oír estas palabras, me puse nervioso. ¡*Tenía* que funcionar!

Aquella misma tarde, poco después de que la señora Pool empezara el tratamiento, entré en su habitación porque me sentía mal por haberme marchado demasiado deprisa aquella mañana; encontré al marido durmiendo en una camilla junto a la cama de su esposa. No me había fijado en la camilla con anterioridad e imaginé que tal vez el señor Pool no pudiera pagarse una habitación de hotel. Aunque nunca mencionó cómo se ganaba la vida, me explicó que Allentown, en la zona de Pensilvania era una comunidad agrícola e industrial, de modo que pensé que trabajaba por cuenta de otros. A la mañana siguiente, mientras desayunábamos, le expliqué a mi esposa, Eva, lo que había visto.

–¡Tendrías que invitarle a comer! –dijo–. Es probable que lleve una semana sin sentarse en una silla cómoda para comer algo decente.

Asentí, avergonzado de no haberlo pensado antes.

–Tráelo esta noche –comentó Eva con firmeza.

De modo que aquella noche llevé a Leonard Pool a nuestro pequeño piso de Fourteenth Street, junto a First Avenue, en el barrio de Union Square de la ciudad de Nueva York. Al cruzar la puerta y entrar en el sabroso aroma del pollo asado, el señor Pool estaba visiblemente relajado.

–Bien –dijo después de las presentaciones–, esto es exactamente lo que prescribió el médico.

Entonces, nos pidió que le llamásemos Leonard.

Mientras nos sonreía de oreja a oreja, comprendí que Eva tenía razón. Su esposa había sido la paciente, pero este hombre necesitaba unos mimos y un poco de cariño.

Soy incapaz de recordar todo lo que hablamos aquella noche, pero estoy seguro de que conversamos sobre Dorothy –que ya parecía estar respondiendo al tratamiento, aunque muy lentamente; su presión sanguínea había aumentado un poco y ya era capaz de enunciar unas cuantas frases seguidas–. Leonard habló de aquella mujer extraordinaria, que era una pianista y pintora de éxito que vivía a fondo cada día y tenía «la mejor sonrisa del mundo». Se percibía que Leonard todavía estaba muy preocupado por ella, y yo quería tranquilizarlo, decirle algo alentador como «estoy seguro de que mejorará», pero decidí callar. No estaba totalmente seguro de que se recuperase. Sabía que no tenía ningún derecho a dar falsas esperanzas, ni a Leonard ni a nadie.

Sentados a la mesa de formica de la cocina comiendo el delicioso pollo asado acompañado de zanahorias que había preparado Eva, Leonard también me hizo numerosas preguntas sobre mi trabajo y nuestros planes de futuro. ¿Qué especialidad me interesaba? ¿En qué lugar del país me gustaría establecerme? Parecía verdaderamente interesado por nosotros. Cuando le pregunté qué hacía, se limitó a murmurar «un poco de todo» y se interesó por cómo era la vida en Manhattan. Al terminar la cena nos dijo que esperaba que cuando su esposa hubiera recuperado las fuerzas, fuésemos a visitarlos a «nuestra hermosa ciudad de Allentown». Cuando Eva preguntó «Alan ¿qué?», nos reímos, mientras reconocía que nunca había oído el nombre del pueblo de Leonard. Yo no añadí que también lo ignoraba.

Cuando regresé al hospital, a la mañana siguiente, pasé por la habitación de Dorothy y la encontré sentada en la cama desayunando. Leonard estaba sentado junto a ella, con una sonrisa radiante.

–¿Qué le parece esto? –dijo, tan orgulloso como un padre ante los primeros pasos de su hijo.

Al otro día Dorothy ya se había levantado y se movía por la habitación y charlaba con las visitas.

–¡Es un milagro! –dijo Leonard exultante y, aunque yo no hubiera gritado tanto, estaba totalmente de acuerdo con él.

Cuando vi por primera vez a aquella mujer, inmóvil y con el rostro grisáceo, parecía estar dando el último paso hacia la muerte. Ahora andaba, contaba chistes y se reía –*tenía* una risa maravillosa y muy contagiosa–, y planificaba todas las cosas que ella y Leonard harían al regresar a casa. Unos días más tarde, cuando le dieron el alta, ambos me abrazaron. Me escuché diciéndoles: «Les echaré de menos».

Y reflexioné sobre el impresionante poder de la medicina para marcar la diferencia –incluso cuando, a primera vista, la situación parece desesperada–. La señora Pool era el tipo de paciente que los médicos fácilmente tienden a dar por perdidos. Era anciana y tenía un cáncer avanzado. Pero ella me enseñó que si eres capaz de definir el caso lo bastante temprano y si un síntoma concreto se puede tratar, puedes mejorar la calidad de vida de una persona, aun cuando padezca una enfermedad grave o mortal. Es esencial centrase en lo que *podemos* cambiar: una infección que se puede atacar con antibióticos, los electrolitos desequilibrados que se pueden reponer con un gota a gota, o un déficit nutritivo que se puede revertir ajustando la dieta. Pequeñas victorias. A partir de aquel día, seguí un lema no escrito: «Tratar lo intratable».

Unas cuantas semanas después estaba haciendo la ronda, cuando el altavoz del hospital cobró vida súbitamente:

–Doctor Lawrence Levitt –dijo una voz impersonal–, por favor póngase en contacto con el despacho del señor Van der Walker urgentemente.

El corazón se me congeló. El señor Van der Walker era el presidente del Memorial Hospital. Que te llamaran del despacho del director implicaba, por definición, malas noticias: casi siempre significaba que un residente había cometido algún terrible error, fuera médico o ético. En los pocos casos que conocía, este tipo de llamadas habían sido seguidas de una suspensión o, incluso, de una expulsión del programa. Después de que me echaran de una institución tan extraordinaria como el Sloan-Kettering, ¿qué otro programa de residencia me tocaría? Me vi abandonando mi sueño de ser médico para colocarme en el negocio de mi padre, donde pasaría el resto de mis días vendiendo estolas de lobo a las matronas ricas. Me sentí físicamente mal.

Mientras llamaba el ascensor que me tenía que conducir hasta el piso más alto, me quebré la cabeza tratando de adivinar qué podía haber hecho mal. Estaba bastante seguro de no haber cometido ningún error médico importante; de haber sido así, mi tutor médico, el doctor Geller, ya me habría llamado la atención. Pero sabía que confraternizar con los familiares de los pacientes quizá se considerara, no poco ético, pero sí poco profesional. ¿Me habría visto alguien salir del hospital con Leonard? ¿Alguien del centro habría comentado que di un abrazo a una paciente? Mis superiores ya me habían comentado alguna vez que era «inapropiadamente expresivo». ¿Habría cruzado alguna frontera final, prohibida, que ni siquiera sabía que estaba allí?

Mientras entraba en las oficinas del señor Van der Walker, vi la imagen borrosa de unas alfombras persas, muebles sólidos y una gran cantidad de tejidos de seda. El señor Van der Walker estaba sentado detrás de un impresionante escritorio de caoba. Era un hombre alto, enjuto y fuerte, que llevaba un impecable traje azul marino de tres piezas, corbata roja y una camisa blanca almidonada. Tenía unos ojos azul claro de mirada fría.

–¿Es usted el doctor Levitt? –me preguntó.

–Sí, señor –farfullé tratando de no bajar la mirada.

–¿Recuerda el caso Pool? –la pregunta me pareció un ladrido.

–Naturalmente –respondí, mientras el corazón se me detenía. *Ahí está.*

–Bien, acaba de venir a verme el esposo de la paciente, el señor Leonard Pool –dijo el señor Van der Walker. Algo confundido, observé como las comisuras de la boca del administrador se elevaban ligeramente–. Quería expresarle su agradecimiento a usted y al doctor Geller por la amabilidad y la atención con que le trataron a él y a su esposa.

Cerré los ojos, casi mareado por la gratitud y el alivio.

–Gracias por comunicármelo –dije.

Pero el señor Van der Walker no había terminado.

–Quizá no sepa que el señor Leonard Pool es el fundador de una importante empresa de productos químicos, Air Products and Chemicals en Allentown, Pensilvania –me explicó.

–¿El señor Pool? –pregunté, incrédulo. Me acordé de sus camisas a cuadros y la camilla en el hospital.

–Sí, una conocida empresa de gasolina y productos químicos –prosiguió el señor Van der Walker–, y en agradecimiento por sus atenciones, acaba de donar un millón de dólares al Sloan-Kettering.

Me quedé mirándolo boquiabierto.

–De modo que yo quería darle las gracias a usted –dijo el señor Van der Walker alargando su cuerpo grande desde detrás del escritorio para darme la mano. No escuché demasiado lo que siguió diciendo el señor Van der Walker, pero probablemente intentó terminar la conversación varias veces porque, en un momento determinado, sencillamente me cogió del hombro y me condujo hasta la puerta.

Leonard nunca me hizo mención de su obsequio. Pero nos mantuvimos en contacto y me explicó que, tras regresar a casa, Dorothy había sido capaz de salir a cenar con sus amigos, pintar acuarelas e, incluso, jugar al bridge. Luego, al cabo de unos meses, volvió a recaer y la ingresaron en el Memorial. En aquel momento, su caso había evolucionado y ya no había ningún tratamiento para ayudarla. Como la primera vez, Leonard se instaló cerca de ella en la habitación del hospital en una silla durante el día y en la camilla por la noche. Murió en el hospital, al lado de su esposo.

Leonard continuó manteniendo el contacto y, durante sus viajes de trabajo a Nueva York, acostumbraba a visitarnos a Eva y a mí. Unos años más tarde orquestó una iniciativa con el fin de persuadirme para que fuera al hospital Lehigh Valley de Allentown como primer neurólogo a tiempo completo. Después de unas cuantas visitas, Eva y yo comprendimos por qué Leonard y Dorothy adoraban esta ciudad de vegetación exuberante y gente activa. A pesar de las protestas de mi yo nacido en el Bronx –*¿Cómo? ¿Estás chiflado o qué?*–, me sorprendí a mí mismo aceptando la oferta. En vida, Leonard donó cinco millones de dólares para poner en marcha la construcción del hospital Lehigh Valley. Cuando falleció, tres años después de mudarnos a Allentown, dejó una herencia de 17 millones de dólares al Dorothy Rider Pool Health Care Trust, que había creado expresamente para lograr que el hospital Lehigh Valley creciera hasta convertirse en una institución docente y de investigación de primer orden. Quería que Allentown tuviera el tipo de hospital que permitiera a las personas gravemente enfermas disponer de una atención médica de primera clase sin tener que salir de su comunidad, sobre todo para las personas sin los recursos económicos de los Pool. Mi participación como consejero en esta fundación –desde hace ya tres décadas–, es una de las experiencias más satisfactorias de mi vida.

* * *

En el vestíbulo de nuestro hospital hay un gran retrato de Leonard Pool. Cuando lo miro, a menudo le pregunto en silencio: «¿Cómo lo estoy haciendo?». A veces tengo la sensación de que se siente satisfecho. Estaría feliz; sé que los habitantes de Allentown y los barrios cercanos ahora tienen acceso a un buen hospital universitario con el primer hospicio del estado, un centro de traumatología puntero, una unidad de quemados y un programa de prevención de enfermedades cardiovasculares, que se ha convertido en un modelo nacional.

Sin embargo, a veces pienso que Leonard espera más de mí. No en la manera de encontrar fondos ni en la construcción del hospital, sino que tengo la sensación de que quiere que preste la atención apropiada a los pacientes y a sus familiares, y que me asegure de que los demás médicos también lo hacen. Es como si supiera hasta qué punto he estado ocupado y hasta qué punto puedo ser distraído mientras voy de reunión en reunión o de una cita a la otra. Creo que quiere asegurarse de que los médicos nos detenemos a mirar a nuestro alrededor y vemos a las personas que están en el hospital y parecen ansiosas, atemorizadas o solas. Quiere que nos sentemos, nos tomemos el tiempo necesario para escuchar todo lo que les importa. Y, si el momento parece oportuno, pues bien, ¡a la porra con el protocolo del hospital! Invitarles a cenar a casa.

Hola y adiós

Al entrar en la sala de urgencias de un hospital, lo primero que se percibe es el ruido. Una docena de bombas de infusión endovenosa emiten pitidos para llamar la atención, los pacientes se quejan de dolor, los niños lloran, los médicos dan órdenes a las enfermeras para que administren la medicación, y las enfermeras gritan a otras enfermeras para que les ayuden mientras el altavoz del techo vocifera la llegada de sus peticiones urgentes. Es una orquesta disonante que toca para una audiencia cautiva y descontenta. Casi nadie quiere estar allí.

Cuando entro corriendo a urgencias para dar respuesta a alguna demanda, nadie levanta la mirada de sus tareas. No hay oleadas ni saludos de bienvenida. Soy casi un fantasma que flota entre el caos en busca de alguna señal que indique que alguien necesita un neurólogo.

–¡Ah, John! –llama una voz. Es Dick Blaney, uno de los médicos de urgencias–. Hay una mujer en la habitación seis que no puedo entender. Tiene un dolor tremendo detrás del ojo al que no le acabo de encontrar sentido, y lleva todo el día así. ¿Te importa echarle un vistazo?

–Habitación seis. Allá voy, Dick; gracias –dije mientras me orientaba.

Por un momento, me pregunté por qué había esperado todo el día para llamarme, dejando a la paciente con un dolor grave e inexplicado. Pero bueno, así es el servicio de urgencias. Los moribundos más graves reciben atención en primer lugar. Si alguien tiene un dolor intenso, pero por la puerta no dejan de llegar pacientes más graves, a menudo pasas a la cola una y otra vez antes de que algún médico tenga tiempo para explorarte a fondo. Ésa es la razón por la que muchos pacientes se marchan de urgencias frustrados y furiosos, sin siquiera haber sido atendidos por un médico.

La habitación seis estaba a dos pasos de mí, en la zona de urgencias donde los que no estaban tan enfermos esperaban, como los aviones que sobrevuelan en círculo el aeropuerto sin poder aterrizar. Llamé a la puerta del cubículo después de haber cogido la historia clínica que estaba colgada en la parte exterior; retiré la cortina con suavidad.

Una mujer de unos cuarenta años estaba tendida en la camilla en ropa de calle y con una mano en el rostro.

–Hola –dije tratando de dibujar una sonrisa agradable–. Soy su neurólogo *du jour*.

–Hola, doctor Castaldo –dijo mientras hacía un esfuerzo por sonreír–. Nunca nos han presentado, pero le conozco. Soy vecina suya; vivo unas cuantas casas más allá en Celia Drive. Nuestros hijos van juntos a la escuela, en el mismo autocar. –Levanté la vista de la historia clínica y me encontré con sus ojos. No la reconocí, y ella prosiguió–: Siempre veo a sus tres hijos en el edificio. Son muy buenos muchachos.

De repente, me sentí bobo y avergonzado por no conocer a un vecino, alguien que me conocía lo bastante bien como para llamarme por mi apellido. Volví a mirar rápidamente la historia clínica para localizar su nombre y la dirección en Celia Drive. Vivía pocas casas más allá, pero ni siquiera reconocía su nombre: Louise R. Marinelli; fecha de nacimiento: 23/07/54. ¡Era el día de mi cumpleaños! Teníamos exactamente la misma edad, habíamos nacido en el mismo día, el mismo mes y el mismo año. Y ni siquiera sabía que existiera.

Cuando nuestros ojos se encontraron de nuevo, me entristecí profundamente. Sentí el dolor de la desconexión de mi barrio. Mi trabajo como médico me tenía absorbido por completo y había transformado en un monje de clausura a una persona a la que tiempo atrás le encantaba relacionarse, hacer ejercicio y participar en la comunidad. Formarme como neurólogo me había costado casi doce años de mi vida. Había imaginado que ser médico facilitaría la conciliación con los placeres de la familia, la amistad y los deseos de creatividad.

Pero no había tenido en cuenta las demandas –y las seducciones– de hacer de médico. Me parecía que siempre había otro paciente que requería más atención, parte de algún trabajo de laboratorio que necesitaba ser más estudiado, alguna nueva revista de neurología para leer, algún caso que requería ser descifrado más a fondo o alguna familia (no la mía) que tenía que consolidarse. Luego me involucré en la investigación académica, que me absorbía el poco tiempo libre que conseguía arañar. En aquel momento veía mi vida con gran claridad: la bestia voraz de la medicina me consumiría, junto con su compinche, mi personalidad perfeccionista.

¡Intenta dejarme! Rugía la bestia en mi cabeza. *¡Sin mí, no eres nada!*

¿Qué quedaba de mí? ¿Y podría volver a lo que había perdido?

–¿Doctor Castaldo? ¿Se encuentra bien?

Regresé de golpe al presente.

–Es un placer verla, señora Martinelli –balbuceé dibujando una sonrisa que esperaba que ocultara mi confusión y malestar.

–Por favor, llámeme Louise –respondió, devolviéndome la sonrisa.

Cuando me acerqué para presentarme, estrechó mi mano derecha con su mano izquierda girada hacia abajo. Entonces, me di cuenta de que su brazo derecho estaba paralizado y atrofiado; lo levaba sujeto al cuerpo con un pañuelo de seda gris.

Puesto que aquella mañana había salido apresuradamente de su trabajo para dirigirse a urgencias, Louise todavía llevaba su vestido negro de raya diplomática de tres piezas y su blusa blanca planchada. Tenía el pelo rubio natural y corto; lo llevaba ligeramente curvado a la altura de las mandíbulas, y eso acentuaba sus mejillas. Usaba pintalabios rojo rubí y las uñas de las manos estaban perfectamente arregladas, con un esmalte de un tono parecido. Chocaba observar el contraste entre el aspecto impecablemente arreglado de esta mujer y su sufrimiento interior. Las lágrimas que salían de su ojo izquierdo marcaban un surco sobre su maquillaje y lo aguaban.

–Tengo *tanto* dolor –murmuró mientras se ponía la mano en forma de cazoleta delicadamente sobre su ojo izquierdo–. No me importa parecer una niña, pero no lo soporto más.

Me explicó que a primera hora de la mañana la había visitado mi compañero Alex Rae-Grant, y que le había pedido unos análisis y le había recetado algún medicamento, pero continuaba sintiendo dolor.

–Finalmente –dijo–, me sentía tan mal que he venido a urgencias.

Vi que tenía una receta de Darvocet N100, un analgésico bastante potente. Hay pocas cosas en patología capaces de producir un dolor tan agudo que resista los efectos de un narcótico como ése; sin embargo, no quería sacar ninguna conclusión hasta conocer un poco más la historia de Louise.

–Explíqueme qué siente –le pedí.

Me dijo que el dolor había empezado «como si nada» hacía una semana, pero que cada día había ido aumentando en frecuencia y gravedad.

–¿Podría describírmelo? –le pregunté.

–Bueno... –empezó haciendo una mueca como si aguantara otra sacudida dolorosa–. Parece una gran descarga eléctrica en la parte posterior de mi ojo derecho –explicó mientras se protegía el ojo del resplandor de los fluorescentes.

–¿Se trata de un dolor constante o llega en ráfagas rápidas? –aventuré, tratando de atar cabos.

Me miró, pálida y cansada por el dolor, la falta de sueño y, sin duda, las dudas incesantes. A continuación, parpadeó con rapidez cinco o seis veces, como si le hubieran disparado con una ametralladora. Mientras esperaba pacientemente a que pasara el ataque, el ojo afectado empezó a lagrimear. Sentí dolor por ella.

–Viene a salvas, como un relámpago –dijo finalmente–. Y cuando pienso que ya va a terminar, vuelve a empezar –entonces me miró suplicante–: Ayúdeme, por favor.

Odiaba seguir haciéndole preguntas, pero sabía que era crucial conocer con el máximo detalle posible sus antecedentes clínicos y las características de la enfermedad actual para poder tratarla de manera eficaz.

–Louise, ¿ha tenido alguna otra enfermedad anteriormente? –le pregunté.

–No, tengo una salud de caballo –respondió–. Raramente voy al médico.

Hubo un silencio y se dio cuenta de que le miraba con curiosidad el brazo paralizado.

–Ah, bueno, mi brazo derecho... –dijo cuando reparó en eso, como si fuera un asunto sin importancia–; ése es el motivo por el que me visita el doctor Rae-Grant. Me ha hecho un montón de pruebas, pero nadie sabe con certeza qué sucede. Creo que la última teoría es que se trata de un efecto tardío de la radiación.

–¿Radiación? –me sobresalté. Eso cambiaba las cosas.

–Bueno, sí, creo que olvidé hablarle de mi cáncer de mama.

La miré atentamente.

–¿Tiene cáncer de mama?

–*Tuve* –me corrigió mientras se volvía a poner la mano sobre el ojo. A continuación, me explicó que le habían diagnosticado un cáncer de mama doce años atrás, cuando tenía treinta y dos. Le habían hecho una mastectomía, y le habían aplicado radiación y quimioterapia; diez años más tarde, tras la visita de rutina, el oncólogo le dijo que era muy poco probable que el cáncer volviera a aparecer.

Pero el último año no había sido demasiado bueno para Louise. Le había aparecido un dolorcito crónico en el hombro derecho, que le fue limitando la movilidad progresivamente y le debilitó el brazo y la mano hasta tal punto que tuvo que aprender a valerse sólo del brazo izquierdo. Una RM (resonancia magnética), un electromiograma y un TAC (tomografía computarizada), así como segundas y terceras opiniones de especialistas, le aseguraron que no se trataba de una recidiva del cáncer.

–Por lo menos había dicho adiós a *ese* problema –dijo con un tono de voz que parecía una mezcla de alivio y de triunfo.

Creía que Louise tenía razón. Después de doce años y sin recidivas, era bastante probable que el cáncer de mama no tuviese nada que ver con su problema actual. Era más probable que padeciera los efectos muy tardíos de la radioterapia que había recibido en el pecho y el tórax, y que ahora se manifestaba en forma de debilidad progresiva en su brazo dominante. Era posible que esa debilidad del brazo fuera provocada por una lesión inducida por la radiación sobre el plexo braquial, un paquete de nervios que salen del cuello, se entrelazan detrás de la clavícula y, más allá, se dispersan para proporcionar movilidad y sensibilidad al brazo y la mano.

Miré de cerca la extremidad paralizada de Louise. Los músculos del brazo estaban atrofiados como si fueran de jalea. Tenía la mano cerrada y encorvada, los dedos tiesos hacia la palma y completamente inútiles; sólo servían de apoyo para su lado izquierdo bueno.

–Este último año debe de haber sido terrible –dije–. ¿Cómo se ha adaptado a la parálisis progresiva de su brazo dominante?

De momento, parecía que su dolor hubiera remitido.

–Aprendo rápido –dijo en voz baja–. Debería *ver* lo que puedo hacer con la mano izquierda.

Con enorme habilidad, sacó una libreta y un bolígrafo de su bolso negro, escribió deprisa una frase con la mano izquierda y me la dio para leer.

La frase, escrita con letra muy legible, era: «Usted también hubiera dado su brazo derecho para salvar la vida,

¿no?». Cuando la miré, mantenía la cabeza alzada, traviesa, esperando mi respuesta.

Pensé un momento. Trataba de verme a mí mismo con el brazo derecho inútil en cabestro, intentando vestirme por la mañana, tratando de hacer la ronda, examinar pacientes, comer, escribir y conducir, todo sin la ayuda de mi mano derecha. A pesar de mi fe religiosa robusta y del apoyo de mi familia y mis amigos, no podía imaginarme manejando esta incapacidad con una ecuanimidad parecida a la de Louise. Me preguntaba cómo había sido capaz de padecer esa pérdida y, ahora, tener tanto dolor, y seguir manteniendo la calidez y la tranquilidad de espíritu que emanaban de ella.

Todo lo que sabía era que deseaba profundamente ayudar a Louise. Naturalmente, era paciente mía, pero también era más que eso. Quizá porque habíamos nacido el mismo día, o quizá porque era mi compañera en el dolor, me sentía extrañamente conectado con ella. Tal vez hubiera despertado en mí la tristeza de mi alienación de la comunidad y un anhelo de salir de mi aislamiento. Sea cual fuese la razón, estaba decidido a descubrir qué le provocaba tanto dolor. Y estaba decidido a curarla.

Salí de su cubículo, me senté frente a uno de los ordenadores de urgencias y escribí «Marinelli». Inmediatamente me quedé pasmado por la cantidad de información incoherente y faltante en su historial. El informe de la mastectomía explicaba que el cáncer se había extirpado por completo. En cuanto a la debilidad de su brazo, las pruebas de onducción eléctrica no concluían que hubiera una lesión de los nervios de su plexo braquial por la radiación. Tanto la RM como el TAC de esa zona habían sido normales.

Mi compañero Alex, que había visitado a Louise durante un año, la había mandado a Filadelfia, a la Universidad de Pensilvania, para tener una segunda opinión hacía seis meses. Los especialistas de allí tenían la misma incertidumbre sobre su enfermedad, pero, por eliminación, le habían diagnosticado una lesión nerviosa por radiación. Sin embargo, un informe del radiólogo certificaba que no había recibido radiación suficiente para producirle la debilidad del brazo. Hasta el momento, cualquier conclusión sobre la enfermedad de Louise parecía llena de suposiciones y contradicciones.

¿Habría recibido una sobredosis de radiación por error? Quizá. Pero aun así, ¿por qué iba a padecer los efectos diez años después, y no a los dos o tres años, que es cuando las lesiones nerviosas por radiación suelen aparecer? A pesar de la incertidumbre sobre la parálisis del brazo de Louise, volví a pensar en su molestia principal. El dolor de su ojo era nuevo, pero le venía pisando los talones a la parálisis. Me pregunté si ambos problemas no estarían relacionados.

Recordé que mis profesores de medicina me habían repetido una y otra vez la frase conocida como «La navaja de Occam». William Occam, un famoso médico y filósofo medieval, afirmaba que «la pluralidad no se debería proponer sin necesidad». Adaptado a la medicina, este principio significaba, sencillamente, que cuando estamos frente a un paciente con múltiples síntomas, el diagnóstico más sencillo que los explique todos es el que tiene mayor probabilidad de ser cierto.

Por tanto, ¿cuál era el diagnóstico único en este caso? Louise no tenía cáncer de mama. No le habían encontrado ningún tumor ni inflamación en el brazo, y ahora tenía un dolor ocular abrasador. En aquel momento recordé las palabras del doctor Abe Goldstein, un profesor emérito de neurología en la Dartmouth Medical School, donde me había formado; era un hombre con mucho olfato. Una vez me explicó, sonriendo: «¡Maldito Occam! Algunos perros tienen piojos; algunos perros tienen pulgas, y otros tienen pulgas y piojos». Si eso es así, ¡lo mismo sucede con los pacientes!

Traté de reunir todos los recuerdos de Louise que pude, lo que fui capaz de deducir de su historia clínica, y de los medicamentos y las pautas que mi colega le había recetado. Pensé en el patrón que seguía el dolor de Louise. Tenía todas las características de una enfermedad conocida como neuralgia del trigémino, que produce un dolor insoportable estimulado por las descargas eléctricas de un nervio de la base del cráneo. El nervio trigémino sale de la parte central del tallo cerebral, en una zona llamada puente, y luego se divide en tres grandes ramas del tamaño de un hilo telefónico en la porción petrosa del hueso temporal, localizado detrás de la oreja. Una rama se dirige hacia el ojo, otra a la mejilla y, la tercera, a la mandíbula.

La neuralgia del trigémino aparece espontáneamente en algunas personas de edad avanzada debido a la presión provocada por la dilatación de una arteria que hace su recorrido junto al nervio. El problema era que *esa* forma de neuralgia del trigémino casi siempre afectaba la rama del nervio que se dirigía hacia la mandíbula y no a la del ojo. Había visto muchos casos. Algunos pacientes sufrían tanto dolor que eran incapaces de comer y tenían que ser hospitalizados para recibir líquidos por vía intravenosa mientras les administraban potentes analgésicos para calmarles el dolor. Pero todos esos pacientes se ponían la mano en la mandíbula, no en el ojo. El dolor de Louise iba a la rama «equivocada» del nervio trigémino. Eso no tenía sentido, si se trataba de una neuralgia del trigémino clásica. Pero lo cierto era que Louise padecía algo similar a esta dolencia; lo bastante similar para ser tratada como si padeciera esta enfermedad.

El tratamiento más eficaz para la neuralgia del trigémino no era con simples analgésicos, sino con un medicamento antiepiléptico llamado Tegretol. Este medicamento calma las descargas eléctricas y el «cortocircuito» que provoca el dolor, de modo que suele curar la enfermedad de manera permanente. El problema del Tegretol era que sólo estaba formulado en forma de comprimido y no como infusión para ser administrada por vía intravenosa; ello significaba que podía tardar bastante hasta que hubiera suficiente cantidad de fármaco en el organismo para aliviar un dolor tan intenso como el que padecía Louise.

Al estudiar las pautas de tratamiento de Alex, me di cuenta de que ya le había recetado Tegretol. Esto era tranquilizador: pensábamos lo mismo sobre el caso. Hasta el momento, sólo había tomado unas cuantas dosis de Tegretol, de modo que era demasiado pronto para saber si le iba a resultar útil. Pero Alex también le había solicitado una resonancia cerebral, y eso significaba que estaba buscando algo más. A él también debía de haberle desconcertado la localización y el tipo de dolor.

Después de examinar a Louise, no encontré ninguna pista más para hacer otro diagnóstico; por el contrario, tenía la certeza de que su dolor se correspondía con la rama del nervio trigémino que se dirige al ojo. Mi preocupación era que pudiese haber una masa que presionara el nervio en la base del cráneo. Cuando pensé en ello, me quedé helado. Estaba convencido de que Alex había pensado lo mismo al solicitar la resonancia.

Pero ahora, mi tarea consistía en tranquilizar a mi paciente.

–Louise –dije–, la ingresaré en el hospital para controlar su dolor y hacerle algunas pruebas adicionales. Creo que sé de dónde viene su dolor; pero todavía no sé por qué. Ahora bien, le prometo que lo descubriré, y esta misma noche, si es posible.

Louise estaba tumbada sobre la cama encorvada, en posición fetal. Las lágrimas de su ojo derecho ya habían empapado la almohada y su blusa. Casi sin moverse a causa del dolor, asintió sin palabras.

Mi mente fue navegando entre las distintas enfermedades que cuadraban con los síntomas de Louise. El panorama más esperanzador era una neuralgia del trigémino atípica, que podía curarse con Tegretol solo. Otra posibilidad era que tuviera algún tipo de inflamación, infección o absceso en la base del cráneo. Pero también podía tratarse de un cáncer. Había muchos tipos que podían migrar hasta la base del cerebro: el cáncer de mama (aunque ya lo habíamos descartado), cáncer de pulmón, cáncer de riñón o linfoma. Tenía la esperanza de que las imágenes cerebrales de un TAC o de la resonancia nos permitieran aproximarnos al diagnóstico y, por tanto, a la curación.

Eché otro vistazo a Louise; ahora estaba tumbada de costado en una posición algo más relajada; finalmente parecía poder descansar un poco. Corrí la cortina y miré el servicio de urgencias. Había un bebé llorando a todo pulmón, una anciana que llamaba repetidamente: «¡Enfermera!, ¡enfermera!, ¡enfermera!», y un atleta joven con un brazo fracturado que se quejaba de dolor; todos estos sonidos humanos se perdían en la tormenta de timbres de teléfonos, pitidos de buscapersonas, altavoces del techo que llamaban al traumatólogo y que emitían los informes sofocados de las ambulancias sobre el estado de los pacientes que llegaban. Louise se ahogaba entre todo ese clamor y conmoción, y nadie se fijaba en ella. Tenía que mandarle una lancha salvavidas inmediatamente.

Salí de la habitación, corrí la cortina detrás de mí y fui rápidamente a buscar a una enfermera.

–Emily, sé que está de trabajo hasta las cejas, pero tengo a una paciente en la número seis que tiene un dolor terrible –le dije–. Necesita una dosis más alta de Tegretol ahora mismo y un poco de morfina intravenosa para que pase la noche más tranquila.

Garabateé la prescripción en la historia de Louise, Emily la leyó y levantó la ceja.

–Es una dosis de morfina un poco alta –observó–. ¿Está seguro de que la quiere por vía intravenosa?

Dudé un momento. Sabía que los efectos secundarios de un exceso de morfina podían ser paro respiratorio, hipotensión arterial grave o alteración del ritmo cardíaco, situaciones, todas ellas, potencialmente mortales. Pero también sabía que el dolor de Louise le estimulaba las glándulas suprarrenales para que virtieran toneladas de adrenalina en su sistema circulatorio, lo que, a su vez, le aceleraba el corazón y le aumentaba la tensión arterial hasta niveles peligrosos. Valoré sus constantes vitales: presión sanguínea de 180/100; frecuencia cardíaca de 130 latidos por minuto. Ambas estaban anormalmente elevadas. Hice el tipo de juicio rápido que los médicos tenemos que hacer a menudo; en este caso, que el dolor de una paciente podía ser más peligroso que un narcótico potente.

–Dele la morfina intravenosa, Emily.

A continuación, escribí la petición para que le hicieran un TAC cerebral para tratar de conseguir más información sobre la naturaleza de la masa que presionaba el nervio de Louise. Sabía que Alex había hecho bien al pedir una resonancia, porque era la mejor prueba para valorar el cerebro y, a menudo, muestra detalles que el TAC pasa por alto. Pero la resonancia estaba programada para el día siguiente y yo quería ver algo en ese momento. Sentía una opresión en el pecho debida al malestar de haber empezado el tratamiento de Louise sin tener un diagnóstico claro. Eso siempre era arriesgado. El buen médico siempre diagnostica primero y trata después. Pero había hecho un segundo juicio rápido: Louise estaba sufriendo demasiado para seguir el protocolo médico estándar.

Mientras esperábamos la llamada de la unidad de tomografías, repasé todo lo que sabía de la enfermedad de Louise. Puesto que había estudiado bastante anatomía y fisiología cerebrales, sabía que su síndrome respondía a un daño del ganglio trigémino, un gran conjunto de nervios que se juntan en la porción petrosa del hueso temporal de la base del cráneo antes de salir hacia el ojo, la mejilla y la mandíbula. Pero ¿y si no se trataba de una neuralgia del trigémino clásica? ¿Y si era un tumor que ejercía su presión sobre la parte del nervio trigémino que se dirigía al ojo? Aunque sería algo muy poco frecuente, era una posibilidad, y produciría exactamente el tipo de dolor que tenía Louise. Esperaba que el TAC arrojara cierta luz sobre mi corazonada.

Un TAC cerebral es una prueba diagnóstica que consiste en obtener imágenes de «cortes» sucesivos del cerebro, empezando en el ojo o el oído y siguiendo hacia arriba, hasta la coronilla. Es algo así como si cortásemos una sandía en rodajas con un cuchillo afilado. Cada rodaja presenta una imagen transversal que nos permite mirar el interior del tejido y ver qué hay en él. Puesto que conocemos la anatomía normal, habitualmente nos damos cuenta de cuándo hay algo que no debería estar allí. Además, para el TAC de Louise, también solicité que le pusieran un contraste, que resalta los tumores sobre el resto de tejidos y facilita su identificación.

Después de haber recibido la infusión de morfina, Louise entró y salió del tomógrafo con una extraordinaria precisión. Todo el estudio no tardó más de un minuto, y el ordenador empezó a generar imágenes digitales que aparecían en la pantalla a gran velocidad. Cuando estudié con detalle las imágenes, hubo algo que enseguida me llamó la atención. Las dos partes petrosas del cráneo no eran iguales: la porción petrosa derecha parecía «apolillada», como si algo lo fuera erosionando poco a poco. También había una fracción del contraste que se filtraba hacia una pequeña zona cercana al ganglio trigémino. Parecía un pequeño hilo de humo en el TAC, pero a mí me parecía algo más que una pistola humeante. Era el tipo de mancha de contraste que suele indicar la presencia de un tumor.

–Podría ser cualquier cosa –me dije a mí mismo–, no necesariamente un cáncer.

Pedí al radiólogo que hiciera un informe de las imágenes y regresé a la sala del TAC para ver cómo respondía Louise a la dosis de morfina que le había prescrito. Todavía estaba tumbada de lado, cubierta con una sábana de algodón del hospital. Tenía el rostro hundido en la almohada, casi todo el maquillaje estaba corrido y tenía el pelo lacio sobre la mejilla.

–¿Louise? –le puse la mano sobre el hombro–. ¿Está bien?

Cuando giró la cara hacia mí, parecía soñolienta, drogada.

–Estoy bien, doctor Castaldo –balbuceó–. Este medicamento funciona de verdad.

Cogí su historia clínica. La tensión arterial había descendido hasta 140/95 y la frecuencia cardíaca estaba en 70 latidos por minuto. Eran buenas noticias.

–¿Le han dado las pastillas de Tegretol? –le pregunté, y ella asintió–. Confío en que empiecen a hacer su efecto pronto y que sienta un alivio mayor –le dije–. Mientras tanto, la ingresaré en el hospital esta noche para hacerle algunas pruebas adicionales. ¿Puedo avisar a su marido para explicárselo?

Volvió a asentir y luego quedó dormida.

Regresé a mi despacho y me puse en contacto con Andy, el marido de Louise. Le dibujé el panorama más esperanzador posible. Poco después recibí un aviso del radiólogo. Le llamé.

–Acabo de ver el TAC de Louise Marinelli –dijo–. Tiene un tumor o alguna cosa que le está comiendo la base del cráneo. Pero no puedo decirte de qué se trata.

«Bien, –pensé–. Hemos hecho una prueba y no hemos encontrado nada que no supiéramos.»

–Creo que tendríamos que hacer unos cortes más delgados para obtener una mejor imagen de la zona –prosiguió.

–De acuerdo –respondí–. Hazlo.

Aquella tarde, después de cenar deprisa con mi esposa y mis hijos, hice una búsqueda bibliográfica en el ordenador desde mi casa. El único tumor que se había descrito que podía infiltrar el nervio trigémino era un tipo de cáncer llamado linfoma, un tumor blando que suele responder a la radiación y a la quimioterapia. Empecé a ver un rayo de esperanza para Louise. Sabía de algunos casos de mujeres que desarrollaban una leucemia o un linfoma como consecuencia tardía de la quimioterapia administrada por un cáncer de mama previo. Quizás ése fuera el eslabón que relacionaba todos sus síntomas.

Pero mi esperanza fue puesta a prueba en la mañana siguiente, cuando el oncólogo de Louise la fue a ver a su habitación. Mientras miraba y esperaba, él revisó su historia clínica y los resultados del TAC; también le hizo una exploración superficial. Entonces, sin prevenirla y sin ningún preámbulo, se dirigió a Louise:

–Se trata de una reaparición del cáncer de mama –anunció–. No hay ninguna posibilidad de tratarlo. La mantendremos de la manera más cómoda posible hasta que llegue el fin.

El rostro de Louise se quedó como un papel blanco.

Yo apenas daba crédito a lo que estaba oyendo. No teníamos ni siquiera una biopsia del tumor. Ni siquiera estábamos seguros de que *fuera* un tumor. ¿Cómo era posible hacer un pronóstico de ese tipo y, además, delante de la paciente? Horrorizado por su insensibilidad y consternado por su diagnóstico, salí para hablar con él fuera, en el vestíbulo.

–Mike –dije, tratando de mantener la calma–, ¿no te has apresurado un poco con el diagnóstico de recidiva de cáncer de mama? Hace más de diez años que ya no tiene el cáncer de mama original. ¿Cómo puedes estar seguro?

–Estoy seguro –respondió con voz firme, sin un ápice de duda.

–Mira, Mike –insistí–, hice una búsqueda bibliográfica exhaustiva y no existe un solo caso descrito de cáncer de mama que haya hecho metástasis en el ganglio trigémino –me sentía como si estuviera tratando de regatear con él hasta lograr un diagnóstico que me pareciera tolerable–. En realidad, lo único que encontré que puede producir algo así es un linfoma –y le mostré el artículo que había impreso de Internet. Lo miró por encima y encogió los hombros.

–Buen intento, pero es cáncer de mama –repitió impasible–. Cuando le descubrieron el cáncer inicial, a los treinta y dos años, tenía cinco ganglios positivos. Es un tumor agresivo. –Y, mientras se marchaba por el pasillo, dijo por encima del hombro–: Morirá.

Estaba furioso. ¡Qué arrogante e irresponsable! Aun cuando aquel médico pensara que el diagnóstico era el de una metástasis del cáncer de mama, podía haberlo discutido conmigo antes, y dar la noticia a mi paciente de una manera más cuidadosa. Y también estaba enojado porque no había hecho el menor caso a la literatura médica. ¿Se creía infalible?

Volví con Louise, que estaba sentada sollozando. Me senté en la cama y le apreté suavemente su mano buena.

–Louise, todavía es demasiado pronto para tener certeza de qué es esta masa que tiene en la base del cráneo –le expliqué–. Más tarde le harán una resonancia magnética y veremos si nos da alguna información adicional.

Asintió sin ánimo.

–No se preocupe por mí –dijo con la mirada fija en las sábanas–. Lo que pasa es que ha sido todo tan rápido...

Al día siguiente, entre turno y turno, visité a Louise y me sorprendió verla de mucho mejor humor.

–¿Qué tal, doctor Castaldo? –me preguntó antes de que tuviera tiempo de preguntarle nada a ella.

–Yo estoy bien, Louise. ¿Y usted? ¿Se siente mejor?

–Sin dolor y a punto de saltar y bailar fuera de aquí –sonrió.

Estaba sorprendido y, a la vez, encantado, de que el Tegretol le hubiera hecho efecto tan rápidamente.

–Bien, entonces, perfecto –respondí–. Sé que está ansiosa por salir de aquí, pero en primer lugar tenemos que hacerle una biopsia de la zona donde se originó el dolor. He mirado los resultados de su resonancia, y parece probable que lo que le causa tanto dolor sea un tumor que se ha instalado en un nervio delicado de la base de su cerebro.

–Y mi suerte ha sido que un tumor haya escogido un lugar tan doloroso para alojarse –bromeó.

Me quedé perplejo ante lo bien que Louise parecía estar tomando el asunto. Por un momento, dudé si se encontraba en estado de conmoción o de negación.

–Bueno, a pesar de tratarse de un tumor –expliqué–, todavía no sabemos de qué tipo de tumor se trata y, cuando lo sepamos, es posible que se pueda tratar.

Tuve la precaución de no pronunciar la palabra «cáncer» de nuevo, para tratar de dejar una puerta abierta a la esperanza.

Pero Louise fue directa al asunto.

–Mi oncólogo parece estar bastante seguro de que mi antiguo cáncer de mama ha vuelto a visitarme –dijo, mirándome fijamente. Estaba claro que no se encontraba en la etapa de negación–. Y eso no es demasiado bueno, ¿no?

–No, no lo es –admití–. Pero no olvide que, a veces, los médicos nos equivocamos. –Sentí de nuevo mi enojo con el oncólogo–. Sigamos adelante con la biopsia, de modo de estar absolutamente seguros de que hemos hecho todo lo posible para tener el diagnóstico correcto.

–¿De modo que quiere someterme a una intervención en el cerebro, sólo para estar seguro? –preguntó alzando la cabeza, desafiante–. No sé si estoy de acuerdo. Además, es posible que eso me haga volver el dolor que tenía cuando usted me ingresó.

Empecé a explicarle que la biopsia se la realizarían con una técnica mínimamente invasiva, pero me interrumpió.

–Está bien, doctor Castaldo –me miraba con calma–. Estoy en sus manos. Si piensa que la biopsia es lo mejor, me rendiré y vamos a hacerlo.

Su fe en mí me apabullaba. Louise estaba poniendo su vida en mis manos. ¿Qué la hacía confiar implícitamente en la decisión que yo había tomado cuando había tanto en juego? ¿Fue el hecho de ser su vecino, un mal vecino, en realidad? O, lo que era más probable, ¿le habían hablado de mi reputación como neurólogo, que creo que era justa? Aun así, yo le hacía más preguntas a mi mecánico cuando llevaba el coche para que le cambiara el aceite que las que me hizo Louise cuando le dijimos que tenía que hacerse una intervención en el cerebro. Confiaba en estar a la altura de la confianza que depositaba en mí. La responsabilidad me pesaba sobre el pecho como si se tratara de una roca enorme.

Dos días más tarde, un neurocirujano realizó la biopsia con un catéter y una aguja que subió por el labio superior y se deslizó por un agujero natural que hay en la base del cráneo, desde donde reptó hacia el tumor para recoger una pequeña porción. Cuando el patólogo me llamó para comunicarme el resultado, me sentí tenso.

–Sólo conseguí recoger un pedacito de tejido con la aguja de biopsia –fueron sus primeras palabras; el corazón me dio un vuelco: sabía qué venía a continuación–. Podría tratarse de un linfoma o podría ser el cáncer de mama –prosiguió–. No podemos asegurarlo.

Estaba desesperado.

–Hicimos la biopsia precisamente para aclarar la duda de si se trataba de un linfoma o de un cáncer de mama, no para volver a hacernos la misma pregunta –casi le estaba gritando.

–No puedo tener certeza sin hacer algunas tinciones del tejido –me replicó el patólogo con tranquilidad.

Se refería a unas tinciones especiales que se utilizaban en patología para resaltar más algunas características del tejido.

–De acuerdo, pues *hazlas* –ladré–. ¡Tenemos que aclarar este asunto!

No podía pensar en el hecho de tener que repetir a Louise la frase: «Todavía no lo sabemos».

Más tarde, aquel mismo día, mandé a Louise a su casa con Tegretol, sin narcóticos y casi sin dolor. Cuando estuvo lista para marcharse del hospital con su marido, parecía sana y vital. Una vez más, me sentí esperanzado. Le dije que regresara al cabo de un par de semanas para discutir los resultados de las tinciones especiales de las muestras de biopsia, que tardaban un poco.

* * *

Sin embargo, las tinciones no sirvieron para diferenciar el tumor, de modo que las mandamos a otra institución para que realizaran una fijación inmunológica especial. Este tipo de tinción es muy específica del cáncer de mama y se considera infalible, pero el resultado tardaría un mes o más. Por tanto, de nuevo, tuve que dar a Louise una noticia insoportable: «Todavía no sabemos nada». Y, todavía peor: «No lo sabremos en unas cuantas semanas».

Mientras tanto, hicimos un plan para dar a Louise una dosis de radiación centrada en el ganglio del trigémino. Eso la dejaría con la cara permanentemente paralizada en la zona del pómulo y el ojo, pero por lo menos no sentiría dolor y podría abandonar el tratamiento con Tegretol. Con su confianza y estoicismo habituales, Louise concordó con este plan.

Durante las semanas siguientes, pensé repetidamente en las tinciones y lo que podrían mostrarnos: o bien una sentencia de muerte, o bien un bendito aplazamiento. Un mes más tarde en este horroroso juego de esperas, vi al oncólogo durante una guardia.

–¿Sabes algo de la última patología de la señora Marinelli? –le pregunté.

–Ah, sí –dijo casi con indiferencia–. Me la mandaron hace un par de días.

Me dije: «¡Ni se preocupó por hacérmelo saber!». Pero el oncólogo sonrió: era una expresión extraña, casi triunfante:

–Es un cáncer de mama recidivante, John –dijo mirándome fríamente a los ojos–. No se puede hacer más que procurar que se sienta bien.

Tenía el estómago en un puño; no podía hablar. De modo que me había equivocado desde el comienzo. Y me había equivocado en el hecho de ser tan abiertamente optimista, algo terrible, cuando se trata de un paciente terminal. Había dado falsas esperanzas a Louise y a su familia; no les había preparado adecuadamente para esas noticias tan devastadoras.

Llamé a Louise y le pedí que viniera a la consulta. Cuando le di la noticia, se puso a llorar. Le cogí la mano en silencio. Durante un momento, se limitó a sentarse en la silla cabizbaja y sollozando. Luego, levantó la cabeza y me miró.

–Tengo dos niños en casa –dijo casi susurrando–. ¿Qué harán sin su mamá?

Poco tiempo después, Louise inició un tratamiento experimental con quimioterapia que le sugirió un especialista de otro hospital. Mientras tanto, la resonancia de su plexo braquial derecho confirmó que el cáncer era, también, la causa de su parálisis progresiva del brazo. Las tres primeras resonancias no habían permitido ver el tumor porque, cuando las hicieron, era demasiado pequeño. Pero ahora estaba en fase de crecimiento exponencial. Cuando un millón de células se dobla a dos millones de la noche a la mañana, y estos dos millones se convierten en cuatro, la masa cancerosa parece crecer a simple vista. Cuando leí el informe de cáncer de plexo de Louise, me sentí mareado. Occam tenía razón: un solo diagnóstico explicaba todos los síntomas de mi paciente. Louise tenía una recidiva agresiva de su cáncer de mama y se estaba muriendo por esta causa.

En cada una de las visitas de seguimiento traté de ocultar mi malestar.

–¿Cómo lo lleva? –le preguntaba cada vez.

La respuesta de Louise siempre era la misma.

–Yo estoy bien –decía, con un tono que parecía indicar que realmente era así.

En una de las visitas me confió que nunca había esperado sobrevivir al cáncer de mama que la sorprendió a los treinta y dos años.

–Ya sabe, siempre traté de decir el positivo «lo superaré» a los médicos y a mi familia, pero en lo más profundo, sabía que tenía a un asesino dentro –me explicó–. Tras este tipo de encontronazo con la muerte, cada día adicional ha sido un regalo que Dios me ha dado.

Los ojos se le llenaron de lágrimas.

–¡Estoy tan agradecida por todo el tiempo que he podido estar con mi marido y mis hijos! –prosiguió–. No doy nada por sentado. Y no sólo mi familia; muchas personas han estado pendientes de mí –se detuvo y me miró–; incluso usted, doctor Castaldo. Nunca olvidaré todo lo que ha hecho por mí.

Estaba aturdido por el hecho de que me incluyera en sus bendiciones. Desde que llegamos al diagnóstico, había sentido una especie de fracaso triste por el hecho de ser incapaz de curarla. Cada vez que la visitaba, esperaba que me empezase a gritar por haberle dado falsas esperanzas. Pero Louise parecía ver las cosas de otro modo. Daba la impresión de querer transmitir que, aunque hubiera querido curarse –¡por supuesto!–, la curación no era lo único que contaba. El cariño también importaba, quizá mucho más que cualquier otra cosa.

–¿Se siente deprimida? –le pregunté, pensando que si lo estaba, por lo menos eso era algo que sí podría tratar para que se encontrara mejor.

–¡Bah! –dijo sonriendo, con un ademán para minimizar el asunto–. La vida es demasiado corta para deprimirse. En cualquier caso, tengo muchas cosas para hacer.

Me pregunté de nuevo si no estaba en una fase de negación. Pensé en las etapas bien conocidas de la negación que identificó la doctora Elisabeth Kubler-Ross: negación, rabia, negociación, depresión y, finalmente, aceptación. Quizá Louise había pasado por todas estas etapas hacía doce años y no necesitaba volver a seguir el mismo camino. Desde mi punto de vista, tenía la sensación que se había saltado las primeras cuatro fases hasta llegar a la aceptación. Y por lo que respecta a mí, bueno, ésa era otra historia. A pesar de esforzarme tanto como podía para tomarme el caso con filosofía, estaba cada vez más deprimido.

Cuidar de ella podía haber sido suficiente para Louise, pero a mí no me bastaba. Me había hecho médico para curar, para hacer que la vida de las personas fuera físicamente distinta, de una manera ostensible. Lo intentaba tanto como podía, pero no estaba dispuesto a aceptar que sólo podía limitarme a coger la mano de una paciente mientras se iba. Cuando le confesé mis sentimientos a uno de mis compañeros, no gastó más de un minuto tratando de aclararme las cosas.

–Te aproximas demasiado a los pacientes, John –me riñó–. Si dejas que cada caso te deje en este estado, en un par de años estarás acabado. Además, involucrándote emocionalmente de este modo sólo conseguirás que tus decisiones sean menos claras.

Pensé mucho e intensamente en sus palabras. Quizá me había entregado demasiado a Louise por mi propio bien –y, quizá, también por el suyo–. Pero, de nuevo, quizá fuera precisamente eso lo que ella necesitaba. En realidad, eso era lo que había tratado de comunicarme. Durante muchos años había pensado en mis pacientes y en la manera en que las enfermedades graves los empujaban repentinamente al espantoso mundo de las pruebas, los diagnósticos, las intervenciones y las probabilidades de sobrevivir. En medio de tanto terror tecnológico y tanto escalofrío, *alguien* tenía que cuidarlos, ¿no? Quizás estuviese hecho para ser simplemente un médico autómata. ¿Desempeñar un papel conllevaba realmente desempeñar el otro?

Durante los meses siguientes, Louise continuó trabajando como directora de un banco local y disfrutando de su familia y sus amigos. Siguió sus actividades en la iglesia y en el barrio, y nunca se aisló de los demás, ni siquiera de aquellos que se sentían embarazados e incómodos en presencia de una persona con cáncer terminal. Un sábado por la tarde vino hasta mi casa y me sorprendió con un pastel de melocotón recién horneado. Estaba en la puerta, pálida y delgada, pero con la sonrisa y el ánimo tan vibrantes como siempre.

–Siempre tiene un momento para mí, doctor –dijo Louise radiante–. Quiero regalarle algo que he hecho yo misma.

«Está del todo equivocada», pensé. Erré en su diagnóstico, le di falsas expectativas, discutí sin necesidad con sus oncólogos… y ahora me trae este obsequio. La hice pasar y charlamos un rato con mi esposa y mis hijos. Pero después, la tristeza me dejó abatido. Me sentía triste por el hecho de estar perdiendo a esta extraordinaria paciente y vecina, y estaba desanimado por las implacables limitaciones de la medicina. Pero también estaba triste por el hecho de darme cuenta de que aún no estaba viviendo en contacto con la vida como Louise me había mostrado y me invitaba a hacer. Era *yo* quien debería haber hecho el esfuerzo de caminar hasta la casa de Louise, tocar el timbre de la puerta y obsequiarla con un regalo que hubiese preparado yo mismo. ¿Cuándo aprendería?

Durante los seis meses siguientes, continué viendo a Louise periódicamente en mi consultorio. Se fue debilitando y adelgazando progresivamente hasta que no parecía más que una piel pálida con huesos. La radiación y la quimioterapia le habían hecho caer todo el pelo y ya no se preocupaba por maquillarse. Pero seguía siendo Louise: totalmente presente, interesada en los demás, siempre a punto para reírse a la más mínima.

Un día empezó a quejarse de un dolor de cabeza leve, pero persistente, y rigidez en la nuca. Volvimos a ingresarla en el hospital y le practicamos una punción lumbar. Como era de esperar, el líquido era turbio en lugar de claro. Eso significaba que las células malignas del cáncer de mama habían avanzado por todo el sistema nervioso y se infiltraban en su líquido cefalorraquídeo. Nadie sobrevivía más que algunos meses en esta situación.

Sabía que se acercaba el final, pero había algo dentro de mí que se resistía a aceptarlo. Sólo sentía rabia: ¿Cómo podía ser que alguien tan adorable como Louise tuviera un cáncer? De nuevo, en mi experiencia, parecía que el cáncer sólo afectara a los mejores, la *crème de la crème* de la humanidad. Deseaba deshacerme de ese cáncer, cogerlo por su cabeza de diablo y retorcerle el pescuezo.

Pero ya nos ha vencido, me susurró una vocecita interior.

Inspiré profundamente y percibí que algo se había puesto en el lugar que le pertenecía. Era un cáncer terminal, no un *alien* ni un ser demoníaco. Tampoco se trataba ya de ninguna batalla que pudiera ganarse ni de ningún caso que pudiera resolverse. Era lo que era. En ese momento me di cuenta de que, aunque Louise hubiera pasado de puntillas por todas las etapas de la muerte de Kluber-Ross, yo no lo había hecho. Yo me había movido dolorosamente de aquí para allá, por la negación, la rabia, el trueque y la depresión, y ahora, por fin, estaba experimentando algo parecido a la aceptación. En aquel momento, mi tarea consistía en ayudar a Louise en su viaje final, para que fuera lo más confortable posible.

Louise falleció en una residencia algunas semanas más tarde. Ella y su familia pertenecían a mi iglesia, de manera que me pareció natural asistir al funeral. El enorme templo estaba lleno. El cura pronunció un conmovedor panegírico que no se refería al considerable éxito de Louise como directora de banco, sino con las personas a las que había emocionado. Muchas de ellas estábamos hombro con hombro en aquella ceremonia, escuchando y recordando.

Vi a Louise en el ataúd, mirándonos a todos y, luego, flotando entre nosotros, saludando a los amigos y a la familia, hablando y riendo. Recordé que habíamos nacido el mismo día y que, de alguna manera, éramos almas gemelas, cada uno acercándose al otro. Pensé que tal vez todo el mundo notara algo similar. Mirando los rostros apenados que me rodeaban, me acordé de una cosa que me había dicho mi compañero de universidad una noche en nuestro dormitorio, mientras conversábamos sobre la vida y la muerte, el más allá y la inmortalidad.

–¿Sabes, John? –explicó–, creo que las personas que van a tu funeral son los lazos con la inmortalidad. Son ellos quienes dejan testimonio de tu vida, vuelven a explicar tus historias y te conducen hasta los oídos y las mentes de las generaciones futuras.

Adiós, Louise. Trataré de llevarte a esas otras generaciones.

Escuchar con humildad

El tatuaje de hierro

Cuando los guardabosques le encontraron en las tierras del interior, al norte de New Hampshire, tenía el cuerpo lleno de moretones recientes y de cortes que rezumaban sangre. Estaban encima de una celosía de antiguas heridas, entre las que había una cuchillada profunda en el rostro y una herida de bala cicatrizada en el muslo derecho. En los antebrazos y el pecho había un brillante mosaico decorativo: unos tatuajes estrambóticos.

Sabía su nombre, Jim Reilly, pero no mucho más. No era capaz de explicar cómo se había perdido en aquel trecho remoto del Sendero de los Apalaches, ni por qué estaba allí. No llevaba ninguna identificación encima. Los guardas le habían transportado en helicóptero hasta un pequeño hospital cercano, donde le diagnosticaron desnutrición, deshidratación y traumatismo craneal. Los médicos supusieron que había vivido durante un tiempo en el bosque y que se había caído al intentar escalar una montaña, lo que le produjo una conmoción cerebral y amnesia.

A medida que empezaron a asomar algunos fragmentos de su memoria, Jim recordó que vivía en Hamburgo, Pensilvania, un pequeño municipio al pie de las Blue Mountains de ese estado, no muy lejos del hospital Lehigh Valley. Puesto que nuestro hospital disponía de un centro de traumatología con experiencia en neurología, nos lo transfirieron.

Desde el momento en el que llegó en silla de ruedas a nuestra unidad de traumatología, Jim llevaba con él un aura de intriga y peligro. Nos explicó que era un antiguo miembro de un cuerpo especial de la Marina que había participado durante seis años en misiones secretas a las que, a menudo, se refería con frases superficiales del tipo no-preguntes-más. Una vez nos confió que le habían herido en batallas que el Departamento de Estado negaría que hubieran acontecido nunca. ¿Estaba recuperando la memoria, o se trataba de un delirio? ¿O quizá no era más que un mentiroso muy creativo?

Realmente parecía uno de esos militares aventureros, con la piel bronceada y curtida al aire libre, penetrantes ojos castaños y pelo negro, cortado algo más largo que el típico rapado militar; le hacía unos treinta y cinco años. Estaba dispuesto a conceder que por lo menos una parte de su historia podía ser cierta, porque tenía el deltoides decorado con un tatuaje del cuerpo especial de la Marina (que se aseguraba de que todos pudiesen ver, levantando un poco más la manga izquierda de su camiseta). Tenía una fortaleza extraña, aparentemente ajena al dolor producido por las lesiones que se había hecho en el bosque. Y las heridas de bala eran inconfundibles.

En un momento determinado, mientras le estaba explorando, me señaló la cicatriz de un agujero profundo en el muslo; dio una carcajada y dijo:

–Mire, doctor Castaldo, podría explicarle dónde gané esa bala. Pero luego tendría que matarle a usted, ¿sabe?

Mientras me lo decía, me miraba fijamente a los ojos, y esperó diez segundos antes de dejar que la comisura de sus labios empezara a encorvarse ligeramente hacia arriba.

El arte corporal de Jim parecía reflejar algo feroz, incluso violento, de sí mismo. El bíceps derecho estaba circunscrito por un tatuaje de un alambre de púas y, entre la base del cuello y la mandíbula, tenía tatuada una llamarada amarilla y naranja. La mayor parte del esternón y el tórax estaba ocupada por un caballero con armadura que blandía su espada sobre un dragón que echaba fuego. Los musculosos antebrazos y los bíceps eran el lienzo para mil tatuajes macabros de aspecto pavoroso de varios lugares del mundo, como un aguafuerte permanente del mapamundi sobre su piel.

La verdad es que encontré que Jim era una persona bastante difícil. Hablaba en voz alta, era chulo y bullicioso. Dondequiera que lo encontrara, siempre parecía estar metiéndose con alguien, reprendiendo a sus compañeros de habitación, dando prisa a las enfermeras, tratando de retar a los médicos... Hablaba con aplomo, en estilo militar, y estaba lleno de teorías conspirativas acerca de todo, desde quién había sido el responsable del asesinato de Kennedy (el FBI), hasta las verdaderas razones que había detrás de la guerra de Vietnam (los intereses petroleros de Estados Unidos). No creía en nadie. Cuando le pedíamos un análisis de sangre, levantaba las cejas y decía con sarcasmo: «*Análisis*. ¡Uau! Muchachos, ¿creéis que no sé que estáis vendiendo mi sangre en la calle para sacaros un sobresueldo?». Por la manera en que lo decía y sus ojos castaños centelleando bajo las cejas arqueadas, era imposible saber si bromeaba o hablaba en serio.

Sin embargo, paradójicamente –quizá como reflejo de sus antecedentes militares–, solía hacer todo lo que le pedíamos. Cuando llegó al Lehigh, no presentaba fracturas óseas importantes, pero tenía la pierna izquierda hinchada debido a una flebitis y, al principio, no podía andar. Obediente, se sentó en una silla con la pierna en alto y estuvo de acuerdo en tomar un anticoagulante para evitar que los coágulos empezaran a llegarle a los pulmones, una enfermedad que pone en riesgo la vida, llamada embolismo pulmonar. También tomó los antibióticos que le prescribimos. Cada día parecía ir un poco mejor.

No resulta nada sorprendente que a algunas enfermeras les gustara ese encanto de niño travieso y su apariencia áspera. Flirteaba con ellas de un modo escandaloso y trataba de distraerlas haciendo carreras en su silla de ruedas, con una pierna levantada y extendida al frente, y haciendo equilibrio con las ruedas traseras o bien girando sobre sí mismo a gran velocidad, y riéndose complacido mientras daba vueltas (esto no formaba parte del tratamiento que le habíamos prescrito). Cuando pudo volver a andar, le gustaba desfilar medio desnudo con sus calzoncillos de jinete. Las enfermeras lo encontraban enormemente divertido; incluso yo me vi asintiendo con la cabeza y riéndome entre dientes de alguno de sus numeritos. Era un verdadero pesado, pero no se puede negar que también era entretenido. El personal lo llamaba Jungle Jim.

Jim estaba fumando a escondidas en el lavabo del hospital cuando su compañero de cuarto escuchó un golpe seco en el suelo. Tenía el cráneo rajado como si hubiéramos tirado una sandía al suelo. En pocos segundos empezó a tener convulsiones sin cesar. Recibí la llamada de emergencia mientras estaba en otra sala del hospital y, cuando llegué cinco minutos más tarde, le encontré de nuevo en plena crisis de convulsiones que le sacudían y le hacían contorsionarse. Las enfermeras y yo lo cogimos y lo arrastramos hasta la cama a la fuerza.

Pero las convulsiones continuaron. El cuerpo de Jim estaba totalmente estirado, tenía los dientes fuertemente apretados y de la boca le salía espuma como si fuera la espita de la máquina de hacer *cappuccinos*. Además, cuando se mordió la lengua, la espuma pasó a ser sanguinolenta. Entonces, de repente, flexionó la cintura con violencia y los bíceps empezaron a contraerse en una secuencia repetitiva e intermitente. Entre los ataques, se quedaba tranquilo, como si estuviera sumido en un sueño profundo del que era difícil despertarle. Durante estos momentos de calma engañosa, me fijé que tenía la cara torcida y sangre en la cabeza; además, el ojo derecho estaba hinchado y negro como el de un boxeador.

Estimé su peso a ojo de buen cubero y le prescribí la dosis adecuada de Dolantina (difenilhidantoína), un medicamento antiepiléptico. Mientras tanto, pedí el carrito de paros para que me acercaran una dosis de loracepam, un fármaco que detiene inmediatamente las convulsiones y permite ganar tiempo para que aparezcan los efectos más lentos de la Dolantina, tras penetrar en el sistema nervioso central y calmar las convulsiones a largo plazo.

Sospeché que Jim había padecido una convulsión relacionada con su traumatismo original. Cuando se cayó en la montaña y se golpeó la cabeza, el cerebro chocó contra la pared interna de los huesos del cráneo. En condiciones normales, el cerebro flota en una sustancia llamada líquido cefalorraquídeo, que nos permite saltar, correr o rodar sin que el cerebro llegue a tocar el cráneo rígido. Pero cuando se produce un golpe fuerte, el cerebro puede chocar con el lado opuesto del cráneo a causa del impacto y, a continuación, rebotar hacia el lado del golpe, un proceso violento conocido, en términos médicos, como *coup-contre-coup*. Como resultado, se produce un hematoma o una contusión del tejido cerebral que, en muchos casos, se cura sola.

Pero el tejido cerebral que presenta un hematoma es muy vulnerable a las convulsiones porque provoca una especie de arco eléctrico en el cerebro similar a las tormentas de una noche de verano. Con la tempestad, primero hay una breve descarga eléctrica que precede a la calma. A continuación, se suceden más descargas y todavía más, hasta que el cielo se convierte en un campo de destellos. Cuando esto ocurre en el cerebro, el cuerpo empieza a convulsionarse.

Tenía la certeza casi absoluta de que Jim padecía convulsiones postraumáticas, pero quería obtener toda la información posible. Solicité un análisis de sangre completo para buscar signos de infección, de desequilibrio metabólico o de uso de drogas. Todos los resultados fueron negativos. Casi al mismo tiempo, pedí un TAC cerebral de urgencia para buscar algún posible tumor o una hemorragia. Me relajé un poco cuando examinaba la película, aliviado al no encontrar ninguna hemorragia, una causa habitual de convulsiones en hombres jóvenes después de un traumatismo. Tampoco había signos que sugirieran la presencia de un tumor cerebral. Había visto muchas convulsiones a lo largo de mi carrera, de modo que estaba bastante seguro del diagnóstico que había hecho a Jim y el tratamiento instaurado, a pesar de la furia impresionante con que se presentó.

Sin embargo, seguía preocupándome mucho por Jim. ¿Y si la Dolantina no funcionaba y continuaba convulsionando? Llevé a Jim a la unidad de cuidados intensivos, donde le administraron dosis todavía más altas para controlarlo. También le hicimos una punción lumbar para descartar una meningitis. Pero me seguía preocupando si al TAC cerebral le había pasado algo por alto. Las enfermedades muy agudas, como una apoplejía súbita no se suelen «ver» en el TAC, si éste se hace enseguida. ¿Y si se me había pasado por alto algo que estaba al acecho y que podía llegar a provocar una lesión cerebral permanente... o la muerte?

Sabía que una resonancia magnética –que proporciona unas imágenes extraordinarias del cerebro– sería mejor que el TAC para captar anomalías sutiles. Tenía muy claro que necesitábamos más claridad sobre la situación de Jim, valga la redundancia, de modo que solicité una resonancia tan pronto como se hubiera estabilizado. Un poco más tranquilo, fui a visitar al siguiente paciente.

Una hora más tarde, estaba terminando el papeleo en mi despacho y recibí una llamada de la técnico de la unidad de resonancia.

–Doctor Castaldo –dijo Gloria, apresurada–, este paciente suyo, Reilly, está haciendo una escena de mil diablos aquí abajo. No quiere que le haga la resonancia. ¿Puede prescribirle algún sedante?

Mi primera reacción fue la de decir: «Claro, póngale diez miligramos de Valium». Pero dudé. Había alguna cosa que no cuadraba.

–¿Por qué no quiere que se la hagan? –pregunté.

–Dice que si lo metemos dentro de la unidad de resonancia, se quemará –explicó Gloria dejando entrever cierto sarcasmo.

–¿Se quemará? –pregunté confundido–. ¿Una especie de quemadura solar?

–No –replicó Gloria–. Se refiere a «quemarse» como si se tratara de una conflagración mortal. Dice que no le podemos hacer una resonancia porque tiene tatuajes persas.

–¿Tatuajes persas? –repetí incrédulo. En aquel momento, no sólo estaba desconcertado, sino que empezaba a sentirme frustrado y harto. Ya tenía bastante de tanto Jim Reilly–. De acuerdo, vamos al grano –proseguí–; este muchacho está diciendo que sus tatuajes se incendiarán dentro del tubo de resonancia. ¿Alguna vez ha escuchado algo así?

–Tenemos personas tatuadas a cada rato, y nunca ha habido ningún problema –repitió Gloria con seguridad.

–Estoy de acuerdo –dije. Pero también sabía que yo no era ningún experto en resonancias–. Déjeme hablar con Joanne.

Joanne, la directora técnica de resonancia era una mujer extraordinaria que había trabajado en esa unidad desde su creación. No había casi nada que no supiera sobre esta tecnología, y confiaba plenamente en su opinión. Cuando se puso al teléfono, le expliqué la queja de Jim. ¿Había escuchado algo semejante?

–Jamás –respondió con firmeza–. Los tatuajes son absolutamente seguros en las resonancias... –imaginé que dibujaba una sonrisa suave– pero, a veces, me pregunto si lo son las personas que los llevan. Creo que todos ellos necesitan que les examinen la cabeza. Son unos alcornoques.

Dímelo a mí, pensé.

–De acuerdo –dije–. Sedadlo con un poco de Valium y hacedle la resonancia.

Pero mientras le estaba diciendo eso, todavía sentía que algo no cuadraba. No podía explicar qué era. Por otro lado, Jim aún estaba un poco desorientado por las convulsiones y los tranquilizantes; por tanto, no podía pensar con demasiada claridad. Además, ya conocía sus antecedentes de hablar con contundencia sobre cosas de las que no sabía demasiado, desde las decisiones de la Casa Blanca sobre la guerra, hasta la manera en que debería funcionar una unidad de traumatología. Era una fuente poco fiable.

Pero ¿y si tiene razón?, insistía una vocecita dentro de mi cabeza. ¿Había alguna posibilidad remota de que este muchacho loco supiera algo de resonancias magnéticas y de tatuajes que ningún técnico ni yo mismo conociéramos? Arrastré mi silla hasta el ordenador, tecleé el nombre de la página inicial de búsquedas bibliográficas Medline y escribí: «Tatuaje y resonancia magnética», para ver si había algún estudio publicado en los últimos cinco años. No había ninguno con los dos criterios. Respiré aliviado y desplacé el ratón sobre «Cerrar». Pero en el último segundo, sólo por curiosidad, decidí volver a repetir la búsqueda, pero incluyendo los últimos quince años.

El ordenador estuvo pensando una eternidad. Por fin, de repente salió una extraña referencia traducida del alemán y publicada en 1986. Se titulaba: «Tatuajes persas de hierro y riesgo de quemaduras de tercer grado durante la resonancia magnética». Me quedé boquiabierto. Cualquier profesional sabía que los metales ferromagnéticos como el hierro pueden calentarse peligrosamente en el poderoso campo magnético de la resonancia. Cualquier persona que tuviera hierro en su cuerpo tenía totalmente prohibido hacerse una resonancia. Pero ¿quién sabía que un tatuaje podía contener hierro? Descolgué el teléfono y llamé a la unidad de resonancia para que detuvieran la prueba.

–Si desea realizar una llamada, por favor cuelgue y vuelva a marcar de nuevo. –¡Había marcado un número erróneo!

Llamé otra vez frenéticamente y la voz dijo:

–Gracias por llamar a la unidad de resonancia magnética. Si conoce la extensión de la persona con quien desea hablar, por favor…

Colgué el aparato y salí disparado hacia la unidad de resonancia.

Sin aire, llegué frente a la puerta cerrada de la unidad. Empecé a golpear fuerte el cristal con el estetoscopio de metal y fui corriendo hacia el asistente para que me dejara entrar. Cuando el cerrojo de la puerta se abrió, me precipité por el vestíbulo hasta la unidad número uno; allí vi cómo deslizaban a Jim hacia el interior de la máquina mediante una cinta transportadora.

¡Por Dios, la prueba ya había empezado! Estaba a punto de ir directo hasta la unidad y estirar a Jim por los pies, pero el técnico, al percibir que estaba bastante alterado, tiró de la palanca y desconectó el aparato. Esperé una eternidad hasta que Jim salió del largo túnel oscuro.

–Jim. –Me acerqué y, aun antes de que hubiera salido totalmente de la máquina, puse mi mano sobre su tórax. Ya se notaba caliente al tacto–. ¿Está bien? –le pregunté.

Jim abrió los ojos lentamente y me miró haciendo un gran esfuerzo. A continuación, dio un bostezo enorme, se frotó los ojos y se sentó sobre la mesa.

–¿Esto es un aparato de resonancia magnética? –preguntó.

–Sí –respondí, encogiéndome por dentro.

–No me pueden hacer resonancias magnéticas –me recordó–; es por ese tatuaje persa –explicó, señalando el dragón que tenía en el pecho.

–Sí –respondí–. Utilizan hierro para estabilizar el pigmento.

–¡Ajá! –esbozó una amplia sonrisa–. ¿No le parece precioso?

No creo que Jim llegase a ser consciente de lo poco que había faltado para que le provocara una lesión. Podía haberle quemado vivo. O, por lo menos, le hubiera podido provocar unas quemaduras atroces en el pecho que hubiesen requerido un extenso injerto de piel. En lugar de eso, lo volvimos a conducir hasta su habitación, donde las crisis convulsivas se estabilizaron y las heridas se le fueron cicatrizando según lo previsto. Unos días después, a Jim le dieron el alta y regresó a su casa de Hamburgo. Nunca volví a verle.

Sin embargo, durante algunos meses pensé a menudo en él y en mi propia imprudencia. El Juramento Hipocrático «primero no dañar» me resonó en la cabeza. La verdad es que había estado a punto de matar a un hombre a causa de mi arrogancia. Debería haber creído a Jim desde el primer momento. Pero no lo hice.

No le quise creer, en primer lugar porque ya casi le había etiquetado de poco fidedigno, una especie de chiflado. El señor Teoría de la Conspiración. El marinero con demasiadas historias sobre peces y pescados. Lo había dado por perdido casi sin conocerlo.

Pero, además, tampoco había escuchado a Jim porque creía que, en cierto modo, mis compañeros y yo monopolizábamos toda la sabiduría médica. Estaba convencido de que mi formación en la facultad de medicina de la Ivy League había sido amplia, completa e inexpugnable, cuando, en realidad, nunca habían pretendido que fuera nada más que la base para un aprendizaje que debía prolongarse toda la vida… incluso a partir de ir cosechando conocimientos de mis pacientes.

Todavía recuerdo esta experiencia con una sensación de profunda tristeza y el corazón acelerado. ¡Con qué facilidad el desenlace hubiera podido ser totalmente distinto! No quiero olvidar nunca a Jim ni lo que él me enseñó.

En realidad, me quedó un recuerdo. El día que asalté frenéticamente la sala de resonancias donde estaba Jim, entré en el campo magnético sin quitarme mi reloj. Se detuvo bruscamente a las 12:22. Cuando me di cuenta de que las manecillas del reloj se habían quedado congeladas en el tiempo, decidí no arreglarlo. Lo puse en el cajón donde tengo la ropa interior para que cada día me recordara mis límites, por más listo, informado o experimentado que me pueda creer. Todavía sigue allí.

Y la verdad es que me gusta encontrar esta máquina del tiempo parada de este modo. Parece que, cuando estás de pie, desnudo y despabilado después de la ducha de cada mañana, buscando unos calzoncillos y una camiseta, es el mejor momento y el mejor lugar para pensar que uno debe ser humilde.

Escuchar a Eva

Una soleada mañana de enero, Stan Berg, un médico de familia de Allentown, estaba en la cima de Elk Mountain en Pensilvania. Aunque en aquel momento no me encontraba allí, puedo imaginar la pinta que tenía mi amigo sobre sus esquíes –alto y fornido, con el atractivo de Gregory Peck–, a punto de iniciar su tercer descenso. Más tarde él mismo recordaría que eran las ocho de la mañana, lo bastante temprano para contemplar la nieve que acababa de caer sobre las agujas de los pinos y percibir que las pistas estaban cubiertas por una capa casi perfecta de nieve en polvo.

¡Ziu! Se lanzó con una sacudida de los palos plateados.

Cuando estaba en la mitad de la pista, Stan resbaló y se cayó. Fue un aterrizaje suave, porque había bastante nieve y era un tipo de caída que le había ocurrido muchas veces con anterioridad. Pensó que no pasaba nada… hasta que intentó levantarse. Tenía el cuerpo entumecido. Intentó mover una mano y luego una pierna. Nada. Stan se dio cuenta de que estaba totalmente paralizado del cuello hacia abajo. Sintió un sudor frío.

–¿Cómo saldré de esta desgracia? –se preguntó, con el corazón apresado por el terror–. No voy a vivir como tetrapléjico.

Enseguida, le rodeó un enjambre de esquiadores y, pocos minutos después, llegó la patrulla de salvamento con una camilla. Mientras bajaban a Stan de la montaña, él iba probando si era capaz de mover algún dedo de la mano o del pie. Imposible. Y para alarmarse todavía un poco más, en lugar de llamar a una ambulancia, un miembro de la patrulla que era médico, llamó directamente a la unidad de traumatología de nuestro hospital y pidió un helicóptero. «Deprisa», le escuchó decir Stan, tenso.

Una media hora más tarde, un helicóptero los sobrevolaba. Tan pronto como tomó tierra en una zona despejada de la pista del complejo de esquí, los miembros de la tripulación pusieron un collar cervical protector a Stan y le subieron a bordo. Durante el traslado al hospital, Stan apenas podía creer lo que le estaba sucediendo. Una hora antes se encontraba de pie sobre sus dos piernas deslizándose por la ladera con una salud de caballo. ¿Cómo era posible que una caída sin importancia le hubiera causado un estrago de esta magnitud? Empezó a pensar en su esposa Susan y en sus tres hijos. Ahora les resultaba del todo inútil. ¿Cómo sobrevivirían?

Unos cinco minutos antes de aterrizar, Stan volvió a intentar mover los dedos. ¡Sintió que se movían! ¿Estaba soñando? Poco después notó que era capaz de mover los tobillos, luego las pantorrillas, las rodillas y las caderas.

Después, como por arte de magia, sus brazos regresaron a la vida. Con una alegría enorme, Stan percibió que la tumefacción remitía y la sensibilidad volvía a inundar su cuerpo. Cuando el helicóptero aterrizó en el hospital, ya casi volvía a sentirse el de siempre.

En urgencias, el equipo de cirujanos y enfermeros de guardia se quedó asombrado de ver cómo aquel hombre supuestamente paralizado les saludaba con un movimiento de la mano. Sin embargo, a pesar de la aparente recuperación total de Stan, el jefe de cirugía solicitó una consulta al neurocirujano, para asegurarse de que estaba fuera de peligro. El neurocirujano exploró a Stan a conciencia, le estudió los reflejos, la fuerza y la sensibilidad, y comentó que su impresión era que «no hay nada mal». Para confirmar estas observaciones, solicitó una batería de pruebas, entre las que había radiografías y un TAC de la columna cervical, radiografía de tórax y varios análisis de laboratorio. Todo fue normal. Le retiraron el collarín cervical y Stan pasó la noche en observación en el hospital y a la mañana siguiente salió por su propio pie, conmovido, aunque profundamente aliviado.

Pero Susan, la esposa de Stan, no estaba tan tranquila. Naturalmente, estaba muy agradecida por el hecho de que su esposo pudiera andar y mover todas sus extremidades de nuevo. Pero, según ella, había algo que no encajaba. ¿Cómo era posible que Stan estuviese totalmente paralizado al principio y, poco después, se hubiera recuperado del todo? Sin embargo, cuando presionó a Stan para que buscara una segunda opinión, él hizo caso omiso de su preocupación.

–El neurocirujano dijo que todo estaba bien, y todas las pruebas confirman que estoy bien –le recordó.

–Eso ya lo sé, pero tengo un mal presentimiento.

–¿Y tú qué sabes sobre lesiones medulares? –respondió Stan para zanjar el tema.

* * *

A pesar de todo, Susan se quedó preocupada; lo bastante preocupada como para llamar a mi esposa Eva y transmitirle su intranquilidad. Entonces, Eva me explicó la historia del accidente de Stan y los acontecimientos posteriores.

–Larry –me dijo–, tengo la misma sensación que Susan. Teniendo en cuenta lo sucedido, ¿cómo es posible que Stan esté «bien»?

Sin embargo, en lugar de alarmarme como mi esposa, recuerdo que me sentí muy aliviado por su descripción. Me tranquilizó el hecho de que nuestro excelente equipo de traumatología hubiese atendido a Stan, que hubiera habido una interconsulta con neurocirugía y que todas las pruebas hubiesen sido normales.

–Deja de preocuparte –le respondí a Eva–. Lo han mirado por todas partes. ¿Qué más quieres?

Pensé que quizá debería llamar a Stan o ir a visitarle. Éramos amigos desde que los Berg se mudaron a Allentown desde su África del Sur natal, seis años atrás, con la intención de lograr una vida mejor tanto para ellos como para sus hijos. No sólo nos encontrábamos a menudo los cuatro, sino que Stan y yo formábamos pareja en tenis y salíamos juntos en bicicleta, pertenecíamos al mismo club de lectura y jugábamos al póquer una vez al mes. Pero aquella semana iba sobrepasado; estaba muy atareado preparando mis clases para el curso anual de neurología que empezaba la semana siguiente en Nueva York. Estaba preparando mis conferencias, revisando las diapositivas y sumergiéndome en el curso que íbamos a desarrollar un par de colegas y yo para un centenar de participantes de todo el país.

Eva, la administradora del curso, estaba igualmente atareada con la organización y preparando el material. Sin embargo, ella insistía en aconsejarme que hablara con Stan para que buscara una segunda opinión. Minimicé su preocupación con cierta impaciencia.

–Mira, estoy seguro que si sucede algo más, Stan se pondrá en contacto conmigo –le dije mirando por encima del montón de libros y papeles.

Eva no se tranquilizó.

De repente, una tarde, cuando faltaban pocos días para que me fuera a Nueva York, Susan me llamó. Esto era algo muy raro; Susan hablaba por teléfono con Eva a menudo, pero era muy raro que me llamara a mí.

–Hola Larry –dijo con un tono de disculpa–. Ya se lo ocupado que estás, y siento muchísimo molestarte, pero quería que supieras... –inspiró profundamente–, bueno, que sigo muy preocupada por Stan. Parece que está bien, pero lo que le sucedió en Elk Mountain todavía me tiene muy intranquila. –Se quedó en silencio unos instantes–. ¿Puedes ayudarme a descubrir si está realmente bien?

Mientras hablaba, pensé que nuestro conferenciante invitado sería Marty Samuels, el jefe del departamento de Neurología del hospital Veteran's Administration de Boston. Tenía un interés especial en las alteraciones de la médula espinal, y era un experto en la materia, puesto que había visto muchas lesiones de este tipo durante la guerra de Vietnam. Le expliqué a Susan quién era Marty y le dije que discutiría el caso de Stan con él. Cuando Susan respondió: «Muchísimas gracias, Larry», pude percibir un ápice de alivio en su voz. Sin embargo, en mi interior pensé que su reacción era excesiva, sobre todo porque estaba claro que Stan se sentía bien. ¿Por qué las mujeres siempre están sufriendo?

Una semana más tarde, Eva y yo estábamos sentados en el lujoso restaurante del Hotel Hyatt en Nueva York, disfrutando de la cena con mis colegas de curso Howard Weiner, Marty Samuels y sus esposas. Era el viernes por la mañana antes del fin de semana en que iba a empezar el curso y estábamos animados, brindando con vino, esperando tener otro curso exitoso. Todavía no habíamos terminado el aperitivo –una deliciosa *bruschetta* de pimiento rojo– cuando Eva se me acercó para susurrarme: «¿Cuándo hablarás de Stan con Marty?».

Asentí con cierto sentimiento de culpabilidad: me había olvidado por completo. Resumí el caso a Marty; le describí la caída de Stan, su tetraplejia temporal, las pruebas de seguimiento, y le dije que las radiografías y el TAC habían sido totalmente normales.

–Tanto Eva como la esposa de Stan creen que en el hospital se les ha pasado por alto alguna cosa –le comenté a Marty–, pero parece que Stan está perfectamente bien –concluí, convencido de que estaría de acuerdo conmigo.

Sin embargo, mientras hablaba, me di cuenta de que la cara de Marty iba cambiando. Frunció los labios y levantó las cejas. A medida que le proporcionaba más detalles, iba percibiendo cómo desplazaba el cuerpo hacia un extremo de la silla. Cuando terminé, me miró con crudeza.

–Larry –dijo por fin–, Eva y la esposa de Stan tienen razón. Al personal del hospital se le pasó algo por alto. Por lo que me has contado, creo que Stan tiene un disco inestable en su columna cervical, y que padeció una tetraplejia temporal porque el disco le comprimió la médula espinal. Si tuviese otra caída o cualquier otro accidente, la tetraplejia sería permanente.

Me quedé completamente helado.

–He visto muchos casos entre los veteranos de Vietnam –prosiguió Marty–. Como sabes, a menudo el TAC no puede identificar un disco inestable, pero sí puede hacerlo una mielografía. Hay que hacerle una mielografía cervical a Stan… ¡inmediatamente! –Su rostro estaba serio–. Te sugiero que lo llames y que lo cites para la primera hora del lunes por la mañana a más tardar, cuando regreses a Allentown.

–Naturalmente –le dije. Todavía estaba estupefacto. ¿Cómo era posible que no lo hubiera pensado?–. Es lo primero que voy a hacer el lunes, llamarle.

Eva me miró.

–Larry –susurró en voz baja e impaciente–. Deja el tenedor y llama a Stan *ahora*.

Me levanté como un autómata y salí al vestíbulo del restaurante, donde había una cabina telefónica. Marqué el número de Stan, que sabía de memoria. Por suerte, me respondió él mismo. Le expliqué la conversación que acababa de mantener con Marty, procurando parecer lo más tranquilo que pude.

–Tenemos que hacer más pruebas –le expliqué–. Me gustaría que vinieras a verme a mi despacho el lunes a las siete y media de la mañana.

Hubo un breve silencio.

–Bueno, eso es imposible –y, a continuación escuché como proseguía en voz más baja–: el lunes tengo pacientes a las ocho.

Sabía cuál debía ser su pavor.

–Stan –dije con amabilidad–, por favor, confía en mí. Tienes que llamar a tus pacientes para cambiarles la visita. Tenemos que vernos a las siete y media.

Escuché un suspiro prolongado.

–De acuerdo –dijo por fin–, allí estaré.

Durante los dos días siguientes, Howard, Marty y yo dimos nuestras clases en el curso de neurología, con conferencias sobre temas que iban desde el accidente vascular cerebral hasta la epilepsia, pasando por la cefalea y las alteraciones del movimiento, como la enfermedad de Parkinson. Irónicamente, una de mis conferencias estaba centrada en la señora Shirley Kane, una paciente que había presentado una paraplejia súbita mientras paseaba con su esposo por la avenida principal de Allentown. Le encontraron un coágulo de sangre debido a una malformación vascular que le había comprimido la zona central de la médula espinal. ¡Yo mismo le hice el diagnóstico con una mielografía! En el caso de la señora Kane, un neurocirujano le extrajo el coágulo a tiempo y recuperó toda la fuerza de sus piernas. Nunca antes había hecho tanto énfasis en la importancia de considerar la médula espinal como la causa de una parálisis súbita de ambas piernas, tal como le sucedió a la señora Kane, o en las cuatro extremidades. Mientras hablaba, me iba reprendiendo a mí mismo: *¿Cómo es posible que esté dando una conferencia sobre este tema cada año y no haya considerado esta posibilidad en el caso de mi buen amigo Stan?*

El lunes, cuando llegué a mi consulta, a las 7:25 de la mañana, Stan ya estaba esperándome delante de la puerta cerrada. Tenía un aspecto demacrado y parecía nervioso, como si aquella noche no hubiese dormido demasiado. Lo hice entrar en el consultorio y repasamos juntos los acontecimientos de ese día horrible en Elk Mountain. No me dijo nada que no supiera sobre la montaña, pero cuando le pregunté si en el pasado le había sucedido alguna cosa que pudiera explicar este incidente desconcertante, de repente alzó la vista.

–En algunas ocasiones, he tenido que dejar de jugar al tenis porque sentía una «punzada» que me recorría los brazos –dijo.

Recordé alguna vez que había abandono a mitad de partido de manera súbita y dándome alguna excusa. Pensaba que las «punzadas» debían de estar relacionadas con algo que había pasado todavía más atrás: un accidente que tuvo jugando a rugby cuando era adolescente y vivía en Sudáfrica.

–Caí y tuve una lesión bastante seria en el cuello –me explicó–. Desde entonces, de vez en cuando siento un dolor en el cuello y noto hormigueo en las manos.

En un par de ocasiones, cuando las cosas se ponían feas, se había colocado un collarín, pero la mayoría de las veces mitigaba los síntomas tratándose el dolor con ibuprofeno y zambulléndose inmediatamente en su vida activa y atlética.

Asentí; ahora todas las piezas encajaban. Aquella caída durante la adolescencia probablemente le había producido una hernia o una protrusión del algún disco cervical (en la región del cuello), y de vez en cuando le oprimía la médula espinal. Esto explicaría las «punzadas», el hormigueo en las manos y su parálisis temporal. Un disco cervical herniado en una zona central de la médula espinal le afectaría las raíces nerviosas que salen de cada lado de la médula, provocándole dolor o adormecimiento de brazos y manos. Si el disco realmente sobresalía hacia la propia médula, cada parte del cuerpo situada por debajo de ese nivel se paralizaría, de manera temporal si sólo había una magulladura en la médula, o permanentemente si la compresión era excesiva.

La exploración neurológica que le practiqué a Stan en mi consulta fue normal, probablemente porque una hernia de disco puede sobresalir sólo de manera ocasional debido al estrés físico, pero luego «regresa» a su lugar. Le expliqué que para descubrir con seguridad qué estaba sucediendo, tenía que realizarse una mielografía cervical, que permitiría detectar si algún disco realmente le estaba comprimiendo la médula. Le expliqué que, si bien un TAC era útil para ver los huesos, podía no ser suficiente para ver un disco blando. Asintió, nervioso, y arreglamos las cosas para que pudiera ingresar en el hospital la mañana siguiente.

Hicieron la mielografía a Stan. Esta prueba requiere inyectar un medio de contraste en su líquido cefalorraquídeo, dejar que se distribuya por toda la médula, e ir tomando fotografías, poniendo especial atención en la zona cervical. (Hoy en día, las resonancias magnéticas han reemplazado casi por completo las mielografías.) Una vez terminada la mielografía, el radiólogo, el cirujano y yo esperamos con impaciencia a que revelaran los negativos. Tan pronto como estuvieron listos, el radiólogo los colocó en el visionador y nos acercamos para echarles un vistazo.

Lo que vimos confirmó las sospechas de Marty: efectivamente, había un gran disco central que presionaba la parte delantera de la médula espinal de Stan, en la zona cervical C5-C6; producía una muesca en la médula en esa región. No pude evitar un gran suspiro de alivio. Acabábamos de descubrir que había algo que no estaba nada bien, pero que todavía se podía remediar. Me estremecía sólo de pensar que si no hubiésemos descubierto este disco que sobresalía, Stan hubiera sido enormemente vulnerable. Incluso un accidente ínfimo le podría provocar una mayor compresión en la médula, lo que dejaría a mi amigo en una silla de ruedas durante el resto de su vida con una tetraplejia permanente.

Al día siguiente extirparon el disco amenazador mediante una intervención estándar de bajo riesgo que se llevaba a cabo docenas de veces cada año en nuestro hospital. Me encontré con él mientras lo conducían a la sala de reanimación cuando ya habían terminado. Todavía se encontraba algo sedado a causa de la anestesia. Al abrir los ojos, me miró durante largo rato hasta que, finalmente, mi figura quedó enfocada.

–Gracias –dijo medio aturdido–. Te lo agradeceré toda la vida.

Le estreché la mano y cerró los ojos de nuevo.

La recuperación de Stan no presentó ningún problema. Al cabo de una semana y media regresó al trabajo; un par de meses más tarde, con el permiso de su cirujano, ya volvía a jugar al golf y al tenis.

Pero yo no me recuperé con tanta rapidez. Continué preguntándome algunas cosas: ¿Por qué mi amigo no me había explicado nada de las «punzadas» en la pista de tenis? ¿Por qué escondió e ignoró durante tantos años el dolor? Pero, aún peor, ¿por qué cuando Stan se cayó en Elk Mountain no imaginé el problema? Al fin y al cabo, ¡hacía diez años que participaba en un curso de neurología que incluía una conferencia especial sobre la médula espinal en el que se explicaba la tetraplejia temporal! Pensaba que, de haber sido yo el médico que lo atendiera, le hubiera hecho las preguntas suficientes para encajar todas las piezas. Pero esta idea no acababa de dejarme del todo cómodo.

Finalmente, me di cuenta de lo que realmente me estaba molestando: que había ignorado la intuición de Eva y de Susan sobre la lesión de Stan. Ambas me habían transmitido con insistencia sus dudas y, a pesar de ello, no les había hecho caso. ¿Qué podían saber? Porque ni Eva ni Susan tenían ninguna formación médica. Sencillamente, no me tomé en serio su preocupación. Incluso Stan y yo, dos médicos con experiencia, pasamos por alto unas cuantas pistas cruciales. Nuestras esposas, no.

A medida que iba pensando en ello, me daba cuenta de que hacía mucho tiempo que Eva atendía con gran dedicación los asuntos de salud y enfermedad en nuestra familia; en realidad, más que yo. Pensé en el tiempo durante el cual Olga, la madre de Eva, había estado ingresada en nuestro hospital para una extirpación rutinaria de hemorroides. Cuando regresó a la habitación tras la intervención, se quejaba de un dolor de cabeza grave y empezó a vomitar. Llamaron al cirujano y, sin visitarla, decidió llamar al gastroenterólogo. Eva estaba en la habitación cuando él la exploró y le realizó una endoscopia, durante la cual introdujo un tubo largo por la boca de Olga hasta llegar al estómago. Dictaminó que su madre padecía «alguna úlcera gástrica, probablemente porque estaba nerviosa por la intervención».

Pero Eva se dijo a sí misma: «No lo creo». Sabía que su madre no había estado especialmente nerviosa antes de la operación y tampoco tenía antecedentes de síntomas gastrointestinales. Cuando el gastroenterólogo se marchó, me llamó al consultorio, que está junto al hospital, y me dijo: «Sube a la habitación de mamá inmediatamente. Le pasa algo grave». Cuando llegué, observé que la pupila de su ojo derecho estaba muy dilatada, el mismo lado en que sentía el dolor de cabeza. Llamé a Joe Candio, su internista, y rápidamente llegamos a la conclusión de que la madre de Eva tenía un glaucoma agudo provocado por la escopolamina, un anestésico que le habían administrado durante la intervención. Enseguida llamamos a Tom Butler, su oftalmólogo. Él confirmó nuestro diagnóstico provisional, le dio a Olga unas gotas oculares con un antídoto para evitarle la ceguera, y le realizó una pequeña operación para permitir que el líquido drenara del ojo y evitar que volviera a aparecer. No había duda: la negativa de Eva a doblegarse ante la «sabiduría» médica junto con su considerable capacidad de observación y su intuición habían salvado la vista de su madre.

Me acordé de otro asunto médico familiar, uno que, aún hoy, me encoge el estómago. Cuando nuestro hijo

Marc tenía doce años, él y yo estábamos preparándonos para salir el fin de semana del Memorial Day en una de aquellas expediciones de pesca de padre e hijo en un pueblecito remoto de Canadá. La idea era que mi amigo Morris, un piloto que tiene avión propio, nos llevara a nosotros y a dos compinches suyos hasta Montreal. Desde allí, nosotros cinco subiríamos a un hidroavión que nos dejaría en una islita a la que sólo se llega por aire o por mar. El viaje ya iba a ser una gran aventura, y estábamos muy impacientes por lanzar los anzuelos al agua. Aquel lejano confín del Gouin Reservoir, bien al norte de Montreal, era ideal para pescar lucios y percas.

La mañana en la que íbamos a salir, Morris se presentó en casa a las 7, tal como habíamos planificado. Pero Marc nos dijo que se había pasado la noche en vela porque «no se encontraba muy bien». Le dolía el estómago, y yo lo atribuí a su nerviosismo y a la excitación por nuestro viaje.

–No te preocupes –tranquilicé a mi hijo, mientras nos sentábamos en la mesa para desayunar; luego acaricié el pelo de Marc para dar más énfasis a mis palabras–: te sentirás mejor cuando llegues a Canadá y empieces a pescar todos aquellos peces.

–Él no va.

Eva estaba de pie en la puerta de la cocina con los brazos cruzados.

–¿Qué quiere decir que él no va? –le pregunté.

Desde la puerta de la calle, Morris decía con confianza:

–Venga, mujer, que se pondrá bien.

Pero Eva no se dejó convencer. Abracé a Marc y le prometí otro viaje dentro de poco tiempo; luego Morris y yo nos fuimos.

Durante el vuelo hasta Montreal me pregunté si Marc estaba realmente enfermo o si sencillamente era un caso de sobreprotección materna. De ser así, me sabría mal por mi hijo: ¡Le hacía tanta ilusión ese viaje que preparaba desde hacía una semana! Cuando llegamos a Montreal, decidí hacer una llamada para saber cómo estaba. No respondió nadie. Pensé que era extraño, porque todavía era temprano. Entonces, llamé a mi suegra Olga, que vivía cerca y estaba siempre en contacto con Eva. Cuando le pregunté si sabía dónde estaban mi esposa y mi hijo, hubo un tenso silencio.

–Están en el hospital –dijo–; Eva está esperando que Marc salga del quirófano. Tenía una apendicitis aguda.

Me quedé mudo. Gracias a Dios, había hecho caso a Eva. Si no lo hubiera hecho y, en lugar de eso, me hubiera llevado a Marc a aquella isla remota en Canadá, una isla en la que no había teléfono, mi hijo podría haber muerto.

No sé explicar por qué ese incidente no me curó, por qué no resolví hacer caso siempre de la intuición médica de mi esposa, por lo menos en lo concerniente a las personas que quería. Eva no es médico, pero siempre ha sido una mujer lista, con una gran percepción y que sabe solucionar problemas; es especialmente sabia en cuestiones de salud. Entonces, ¿por qué necesité un incidente más que me recordara su sabiduría?

Sé que en parte se debe a la arrogancia, a la tendencia que tenemos los médicos a pensar que monopolizamos el conocimiento médico y que todos los demás deberían escuchar*nos* y dar*nos* las gracias. Sin embargo, me parece que todavía hay otra cosa más, algo que tiene que ver con la ceguera especial de los médicos ante sus propias enfermedades o las de sus familiares.

Los estudios dejan muy claro este punto: en realidad, los médicos tienen menos probabilidades que las demás personas de pasar chequeos periódicos o de someterse a las pruebas de rutina que permiten descubrir los problemas antes de que se conviertan en desastres. Dos de mis colegas murieron de un cáncer de colon que, en ambos casos, ya se había diseminado por otros órganos cuando fue diagnosticado, porque ninguno de ellos se preocupó de hacerse las colonoscopias preventivas. En el caso de Stan, ignoró por completo las «punzadas» y los demás síntomas recurrentes que indicaban con claridad una lesión medular –o, por lo menos, algún tipo de alteración neurológica–. Por desgracia, sus colegas, como yo, a menudo vamos de macho,[1] con esa actitud personal hacia la enfermedad de «Estoy bien, Jack». Como expertos en medicina y como terapeutas, ¿acaso nos creemos que tenemos alguna especie de protección mágica frente a la muerte y a la enfermedad?

1. En castellano en el original.

* * *

Justo la semana pasada, Stan y yo salimos con las bicicletas para dar una vuelta por los campos de Lehigh Valley, pedaleamos por entre las vacas que pastaban, arces rojos y granjas medio cubiertas por maleza. Era una de esas mañanas brillantes y cristalinas de octubre, en las que te fijas más que de costumbre en lo bueno que es sencillamente estar vivo y estar bien, ser capaz de montar en bicicleta con un amigo y disfrutar de los colores vivos y los olores frescos y llamativos del otoño. Cuando miré a Stan, asintió y sonrió. ¿Estaba pensando lo mismo?

–¡A ver quién llega antes a la próxima colina! –gritó.

Y empezamos a pedalear duro mientras nos dirigíamos hacia la siguiente subida, erguidos sobre nuestras bicicletas, desafiándonos el uno al otro como dos niños sin ninguna otra preocupación en el mundo.

Blue, terapeuta australiano[2]

La intensa lluvia que cayó sobre Lehigh Valley durante toda la noche paró, misteriosamente, media hora antes de que saliera el sol. Provocó un espectacular arco iris violeta, rojo, azul y amarillo en el este, justo en el momento en que Bill Baker se levantó de la cama para saludar el nuevo día a las 5:45. Con un buen par de zapatillas de piel de oveja bien calzadas, arrastró los pies hasta el baño contiguo. Su perro Blue, que siempre dormía al pie de la cama, se irguió de súbito como un géiser en el momento en que Bill se sentó, luego se sacudió de la cabeza a las patas y siguió a su dueño hasta el baño.

Mientras Bill abría la persiana para dejar entrar la luz matutina, se apoyó en el alféizar para echar un vistazo a las flores del jardín trasero y, más allá, los campos recién sembrados de su granja. Era su manera favorita de saludar una nueva mañana. Cuando vio los magníficos colores del arco iris reflejados en sus lirios azules, las flores de coral y

2. Juego de palabras entre *healer* (terapeuta, quien cura) y *heeler* (raza de perro australiana). (*N. del T.*)

las ancolias, dio gracias a Dios por el milagro de otro día. Blue miró a Bill, volteó su cabeza con curiosidad hacia el arco iris y luego se sentó sobre sus patas traseras, esperando pacientemente el día que tenía por delante.

Cuando Bill bajó las escaleras para desayunar con Blue pisándole los talones, olió el delicioso aroma del café y del bacon frito. Su esposa Mary ya se había levantado y estaba cocinando. Insomne irregular, a menudo se descubría a sí misma empezando las tareas del día antes del alba, tras haberse rendido frente a un sueño que parecía llegar tan fácilmente a los demás, pero que persistía en eludirla a ella. Mary solía hacer el café y preparaba el bacon junto a una docena de huevos fritos en la sartén con mantequilla. Las tareas de Bill consistían en recoger el periódico de la mañana del buzón, hacer la tostada y sentarse a la mesa, asegurándose de sacar la nata y la mermelada casera, y de poner un vaso de zumo junto a cada plato. Cuando besó a su esposa en la mejilla, ella sonrió, dio la vuelta al huevo que chisporroteaba con una mano, mientras, con la otra, llenaba la taza de Bill de café hirviendo. Trabajaban con facilidad en la cocina; hablaban poco, pero se anticipaban a los movimientos del otro como los bailarines de salón, que se acercan y se alejan de nuevo siguiendo la coreografía fluida y muy practicada de los matrimonios veteranos.

Pocos minutos después, Emily, su hija mayor, apareció en la cocina con el uniforme de trabajo de la fábrica textil cercana.

–'*enos* días, mamá, papá –bostezó.

–enos días, Em –dijeron casi al unísono Bill y Mary–. Em, ¿has visto el maravilloso arco iris que hay en el cielo esta mañana? –le preguntó Bill.

–¿Qué arco iris? –murmuró Emily mientras leía los titulares del periódico.

–Debe de haber llovido justo antes de amanecer –dijo Bill–. Hace unos minutos había un arco iris maravilloso –por la voz, parecía impresionado–. Si miras por la ventana de atrás, quizá todavía puedas verlo.

–Lo siento, papá; no tengo tiempo... –masculló Emily mientras tragaba el café y se llenaba la boca con un enorme pedazo de tostada untada con mantequilla y huevo. Pero, inmediatamente, al percibir la decepción de su padre, añadió–... miraré cuando suba al coche.

Y enseguida se puso en pie, tomó un último sorbo de café y salió por la puerta.

Después de acompañar a Mary un rato más, Bill regresó a la cama con Blue. Era su ritual diario: un desayuno a primera hora de la mañana con su familia, luego una cabezadita antes de levantarse de nuevo para empezar su día con las tareas de la granja. Pero aquella mañana, Bill Baker vería su granja por última vez durante una temporada larga. Bill tenía una enfermedad cardíaca, hipertensión arterial, el colesterol alto e insuficiencia renal, aunque solía mantenerse controlado con sus potentes medicamentos y el milagro de la diálisis. Sin embargo, esa mañana, cuando Bill se tumbaba para dormir, un proceso maligno avanzaba en silencio. Se estaba formando un coágulo en una se las cámaras de su corazón. Muy pronto se desplazaría hasta su cerebro como el disparo de un arma de fuego, y le impediría recibir el oxígeno imprescindible para funcionar, lo que le paralizaría medio cuerpo.

* * *

Estaba tomando algunas notas en la historia clínica de un paciente, cuando recibí un mensaje de «Alerta de derrame cerebral». Se trata de un mensaje de emergencia en el móvil que llevo para avisarme de que hay un paciente en urgencias con síntomas de apoplejía. Cada vez que oigo ese timbre especial del teléfono, la ansiedad dificulta mi respiración. Un derrame cerebral es una urgencia médica que requiere tratamiento inmediato. Ese singular sonido del teléfono móvil significa que alguien podrá vivir o morir, recuperarse o quedarse paralizado para siempre, en función de las decisiones que uno tome en los siguientes treinta minutos.

Abrí el teléfono con el pulgar de mi mano izquierda.

–Castaldo –dije en voz baja, esperando una respuesta, impaciente.

–John, soy Rick, de urgencias –me dijo una voz familiar–. Tenemos una alerta de ictus en la habitación 16. Un hombre llamado William Baker. Por ahora sólo sé que el señor tiene sesenta años; es un paciente de diálisis, hipertenso y con antecedentes de enfermedad cardíaca. Su esposa lo encontró esta mañana con el lado derecho paralizado y sin poder articular una palabra. Me parece que aún estaba en la cama, pero todavía estoy recogiendo información.

Miré el reloj que llevaba en la muñeca. Eran las 11:30 de la mañana. Tener un derrame mientras uno duerme no es raro. A menudo, en la mañana siguiente se descubre a la víctima medio moribunda o con lesiones cerebrales irreparables, y un médico puede hacer muy poca cosa. Esto se debe a que, ante una víctima de apoplejía, tenemos una ventana de escasas tres horas para administrarle un tratamiento. Si un derrame no se detiene antes de las tres horas de haber empezado, suele ser demasiado tarde para revertir el daño producido en el cerebro y otros órganos.

–Demasiado malo –repliqué frustrado–. Probablemente, nuestro equipo no pueda hacer demasiado. Sabes que cuando encontramos a alguien con síntomas de derrame por la mañana, debemos asumir el peor escenario posible: que el accidente tuvo lugar pocos minutos después de acostarse, hace unas doce horas.

–Sí, pero hay un rayo de esperanza –dijo Rick–. Su esposa dice que se levantó para desayunar a las siete. O sea, que no hace *tanto*.

Volví a mirar el reloj e hice el cálculo.

–Rick, ya son las 11:30; aun cuando hubiera sucedido a las siete, ya se ha agotado la ventana de tres horas para administrar el tPA con seguridad.

El tPA es un medicamento potente, aunque peligroso, que puede deshacer los coágulos que impiden que la sangre oxigenada llegue al cerebro.

–Sabes tan bien como yo que si le administramos ese fármaco después de las tres horas, corremos el riesgo de provocar una hemorragia cerebral masiva. Podría morir.

–Lo sé, lo sé –se apresuró a responder Rick–. Pero antes de tomar esa decisión, quiero que bajes con el equipo y le eches un vistazo.

Cuando Rick Mackenzie hizo la petición, no me lo tomé a la ligera. Varios años antes, él había participado en la creación del equipo de derrames cerebrales del hospital Lehigh Valley. Rick adquirió un liderazgo extraordinario y dedicó mucho tiempo a lograr que el personal de urgencias conociera el proceso de «alerta de derrame cerebral» y actuara siguiendo el protocolo, para lograr que las personas con aspecto de sufrir un ataque de apoplejía fueran atendidas inmediatamente. Durante casi un siglo, los pacientes con apoplejía languidecían en algún cubículo de urgencias, tras quitarlos de la lista de pacientes prioritarios, simplemente porque no se podía hacer nada por ellos. Sin embargo, apareció el tPA intravenoso, un tratamiento nuevo y potente para el accidente vascular cerebral. No obstante, había una trampa: era un medicamento seguro y bueno sólo si se administraba antes de haber transcurrido tres horas desde el inicio del derrame.

Era bastante difícil hacer correr la voz entre la comunidad de que cualquier persona con síntomas de apoplejía debería acudir a urgencias inmediatamente. La mayoría de los síntomas de apoplejía, como habla farfullada, debilidad súbita del brazo, o problemas al caminar, sencillamente no provocan dolor. Incluso después de disponer del tPA, las personas con este tipo de síntomas solían irse a la cama, creyendo erróneamente que su misteriosa alteración habría mejorado cuando se despertaran. En lugar de eso, casi siempre empeoraban. Cuando la mayoría de las personas que sufren un accidente vascular se percatan de que necesitan atención médica, la ventana para tratar ya se ha cerrado. Éste era el reto: convencer al público de que síntomas indoloros que antes eran intratables ahora eran una señal de alarma para llamar inmediatamente al 061.

Pero, si educar a la población sobre la necesidad de tratar el derrame cerebral era difícil, todavía más difícil era cambiar las actitudes hacia la apoplejía entre el personal de urgencias. Imagínese tratando de convencer a los médicos más veteranos de que una enfermedad hasta entonces «desesperada» y de baja prioridad debería elevarse a la categoría de urgencia tratable que requiere coordinar inmediatamente múltiples recursos hospitalarios. Pues bajo el liderazgo de Rick, sumado a la experiencia de nuestro personal de enfermería especializado en derrames cerebrales y al apoyo de nuestra división de neurología, desarrollamos uno de los mejores equipos de respuesta rápida al derrame cerebral del país. Si Rick quería que visitase al paciente, no podía negarme.

–De acuerdo –dije–. Hagámosle un TAC y ya bajo.

En mi interior, pensaba que visitar a aquel paciente era una mera formalidad, un favor a Rick más que un preludio al tratamiento.

El TAC era vital porque nos diría inmediatamente si Bill Baker había padecido una hemorragia cerebral, lo que sería una indicación clara para *no* darle tPA. Incluso, si el TAC no mostraba nada, no le podría dar el tPA a Bill si hacía más de tres horas que había sufrido el derrame. Si lo hacía, el mismo medicamento podría provocarle una hemorragia cerebral.

Terminé de escribir deprisa la última línea del informe clínico de uno de mis pacientes. Bajé corriendo seis pisos hasta la sala de radiología donde Bill ya estaba sobre la mesa del TAC. Antes de que empezaran, le exploré rápidamente. Bill aparentaba un metro ochenta, tenía el pelo blanco y la piel un poco cetrina a causa de la insuficiencia renal. En pijama y respirando una corriente continua de oxígeno a través de dos tubos que le llegaban hasta la nariz, estaba alerta, pero tenía el lado derecho totalmente paralizado. Bill también estaba afásico, lo que significa que era incapaz de entender nada de lo que le decía ni podía articular una palabra. La cara le caía por el lado derecho y los ojos se le desviaban hacia la izquierda, un signo que indicaba que el derrame había sido masivo y, posiblemente, mortal.

Mientras el reloj de la pared marcaba su tic-tac sonoro, reflexioné sobre la grave realidad de que «tiempo es cerebro» en el caso de un accidente vascular en evolución.

Ausculté el tórax de Bill deprisa, no detecté congestión en sus pulmones y los ruidos cardíacos eran fuertes. Entonces, salí de la sala del TAC para que la prueba pudiera empezar. Al leer el informe con sus signos vitales, me di cuenta de que su tensión arterial era de 190/98, un valor peligrosamente elevado para utilizar tPA. Aparentaba más de sesenta años a causa de sus múltiples problemas médicos, lo que también aumentaba el riesgo de complicaciones graves por tPA. Por si eso no fuera suficiente, Bill también era un paciente de diálisis, lo que significaba que sus riñones no funcionaban. Por regla general, los pacientes con insuficiencia renal requieren precauciones especiales tanto en relación con el tipo de medicamentos que se les administran, como con las dosis. Aunque el tPA se había estudiado y la agencia estadounidense de medicamentos la había aprobado para pacientes con derrame, nunca se había estudiado en pacientes con diálisis. Nadie sabía si este fármaco era seguro en las personas con mal funcionamiento renal. Noté que el nudo en el estómago me apretaba más.

Afortunadamente, pocos minutos más tarde ya teníamos los resultados del TAC. Examiné las imágenes a medida que iban apareciendo rápidamente en el monitor de alta definición; luego las volví a mirar con mayor detenimiento cuando trajeron la placa en película de rayos X con los «cortes» transversales del cerebro. Me quedé asombrado por lo que vi: ¡el TAC estaba inmaculado! No había ninguna traza de edema ni de ninguna otra lesión cerebral. Revisé los datos junto con nuestro neuroradiólogo, quien coincidió conmigo en que la prueba era absolutamente normal. Perplejo, con las placas en la mano, caminé por el pasillo de urgencias hasta la sala de espera donde Mary, la esposa de Bill, estaba sentada sola. Era una mujer baja y rechoncha con el pelo blanco liado en un moño descuidado. Tenía las manos callosas dobladas sobre la falda.

–Hola, señora Baker –empecé, tratando de decidir cómo explicarle un caso que ni yo mismo comprendía del todo–. Soy el doctor Castaldo, el médico de las apoplejías, y acabo de visitar a su esposo y he estado mirando los resultados del TAC que le hemos hecho. Tiene un derrame muy, muy grande, pero todavía no aparece en el TAC.

–¿*'zted* dice que mi marido tiene un derrame muy grande? –preguntó frunciendo el ceño–. Bueno, ¿y cómo puede estar tan seguro? *'zted* acaba de decir que no sale en la prueba. Por tanto, ¿no significa que podría *ni* tener un derrame?

Su marcado acento holandés de Pensilvania me resultaba un poco difícil de entender. Pero su preocupación y su agitación eran inconfundibles.

–Señora Baker, sé que es difícil encontrarle sentido –dije con voz amable–, pero hacemos el diagnóstico de accidente vascular cerebral basándonos en la exploración física y utilizamos el TAC para obtener mayor información. Sé que su esposo ha padecido un derrame porque tiene el lado derecho completamente paralizado y no puede articular ni una sola palabra.

–¡Pero *'zted* acaba de *dezir* que la prueba es normal! –me recordó Mary. Me miró, como si yo no tuviera demasiadas luces.

–Según mi experiencia, un TAC cerebral normal significa que la apoplejía es muy reciente, quizá menos de dos horas –expliqué–. A menudo, el derrame tarda un poco en afectar el cerebro lo suficiente para que se detecte en el TAC.

Había llegado mi turno de hacer preguntas.

–Señora Baker, todavía estoy un poco confuso –le confesé–. De acuerdo con lo que explicó al doctor Mackenzie, el médico de urgencias, a las 7 de la mañana vio a su esposo de pie por última vez. Si asumimos el peor escenario, pudo haber tenido su derrame justo después de acostarse de nuevo. De eso haría entre tres y cuatro horas, tiempo suficiente para que el TAC ya hubiera empezado a mostrar los cambios del derrame en evolución. Por tanto, me pregunto si…

–No –me interrumpió Mary–. No es correcto lo que *'zted* dijo de que tuvo *zu* derrame a las 7 –prosiguió con voz firme–. *To'vía* le vi bien a las 7, cuando subió a la cama mientras yo estaba en la cocina. ¡Pero sé que padeció el accidente exactamente a las 10:30! –dijo de modo enfático.

No le encontraba ningún sentido.

–¿Cómo es posible que sepa a qué hora sucedió, si él estaba arriba durmiendo y usted estaba en la cocina? –le pregunté. Intentaba que mi voz no mostrara ningún tipo de frustración, pero era consciente de los minutos preciosos que se nos escapaban.

–Bueno, por Blue –dijo con naturalidad.

–¿«Blue»? –repetí. Ahora sí que estaba totalmente confundido.

–*Zí*, él y Blue son muy próximos ¿me entiende? Es su *Australian blue heeler.*

–¿Australian blue heeler? –pensé en voz alta–. ¿Un perro? –pregunté incrédulo.

–Bueno, *ez* más que un perro, para Bill –me corrigió Mary–. Es como alguien de la familia, para él. Le *zigue* a todas partes y nunca sale de su lado. Blue estaba en el dormitorio cuando Bill *eztaba* teniendo su derrame e intentó avisarme exactamente a las 10:30. Recuerdo el momento con precisión porque estaba horneando el pastel en aquel momento y tuve que apagar el horno a las 10:30.

Me sentía un poco perdido y bastante más impaciente. El tiempo para tratar a Bill con éxito se agotaba. Trataba de pensar si deberíamos intentar administrar un medicamento para disolver los coágulos y detener la apoplejía de mi paciente, pero ahora tenía entre manos una loca historia de un hombre y su perro, ¿y qué se suponía que tenía que hacer yo?

En aquel momento los camilleros habían devuelto a Bill a su cubículo de urgencias. Justo entonces Claranne, nuestra enfermera experta en respuestas rápidas entró en la sala de espera.

–¡Doctor Castaldo, su tórax no se mueve!

Dejé a la señora Baker sin contemplaciones, salí corriendo hasta el cubículo de Bill y le hundí mi estetoscopio en el tórax. A duras penas alcanzaba a escuchar el movimiento del aire y observé que tenía el rostro todavía más gris que antes.

–¿Cuáles son sus niveles de *sat*? –le pedí con urgencia. Los *sats* indican la saturación de oxígeno en las células rojas de la sangre de Bill. Es una prueba rápida que se puede hacer colocando un aparato en la punta del dedo y obteniendo la medida con un lector digital. La saturación de oxígeno en individuos sanos está entre el 96 y el 98%, pero los niveles inferiores al 75% deben corregirse inmediatamente para evitar un paro respiratorio, una lesión cerebral o un ataque cardíaco.

–Estamos en ello. Déjeme unos minutos –me dijo Claranne, tensa– ¡Del 70% y bajando, doctor C! –gritó, mientras buscaba una bolsa «ambú», una mascarilla para suministrar oxígeno manualmente. Sin malgastar movimientos, colocó la mascarilla sobre la boca y la nariz de Bill y empezó a bombearle aire a los pulmones.

–¡Sigue bombeando e intubémosle! –ordené. Intubar a una persona consiste en introducirle por la boca y la laringe un tubo conectado a un ventilador mecánico, para que pueda seguir respirando. Rick Mackenzie debía de estar cerca, escuchando lo angustioso de nuestra conversación, porque antes de darme cuenta, ya estaba junto a la cama de Bill con un equipo de intubación a punto para empezar.

–Me encargo –dijo Rick con la calma tranquilizadora de un médico de urgencias veterano.

Agradecido por su apoyo, regresé rápidamente a la sala de espera para hablar con la señora Baker.

Después de informarle sobre la situación de Bill, fui directo al asunto: ¿cuándo sufrió el derrame su marido y cómo podía ella estar tan segura? Habitualmente, no interrogo a los familiares, pero estas preguntas eran fundamentales. Mary podía ser la única persona que realmente supiera cuándo Bill había tenido el derrame. A su vez, esta información me permitiría decidir si podíamos dar tPA a Bill con cierto margen de seguridad y, posiblemente, salvarle el cerebro y la vida.

–Explíqueme cómo supo que Bill tenía un derrame –le pedí–. Pero, por favor, ¡dígamelo rápido! No tenemos demasiado tiempo. Su esposo padece un derrame masivo, y cada minuto que perdamos significa pérdida de cerebro.

Sin embargo, Mary Baker no se apresuraría. Se rascó la cabeza, colocó la bolsa en el suelo con cuidado y se quitó el abrigo. Luego se arremangó como si se dispusiera a luchar.

–Bueno, veamos –empezó–, creo que me levanté sobre las 5:30 y estuve preparando huevos y bacon para desayunar. ¿Sabe que nuestra hija Emily vive con nosotros? –En realidad, no lo sabía, pero asentí rápidamente para tratar de que la información siguiera fluyendo–. Bueno, pues ella y Bill suelen bajar sobre las seis menos cuarto y desayunamos bien antes de que Em se marche a trabajar. *'zted* ya sabe, hace un tiempo que Bill no está demasiado bien. –Miró al vacío un momento–. De modo que acostumbra a comer un poco y despide a Em. Luego, normalmente, regresa a la cama sobre las siete para echar una siestecita, y...

–¡Señora Baker! –le interrumpí–. ¡Tenemos poco tiempo! –intentaba no ser grosero, pero estábamos casi literalmente en una situación de vida o muerte–. Por favor, dígame sólo una cosa: ¿*cómo* sabe cuándo Bill tuvo el derrame, si estaba arriba en su cama y usted no estaba junto a él? –Percibí una extraña sensación de presión en mi cabeza.

Mary me miró, sin cambiar su tono.

–Bien –prosiguió sin prisa, con la misma tranquilidad en la voz–, cuando Bill regresó a la cama, me quedé en la cocina horneando mis *pazteles* de manzana y tomando un poco *máz* de café. Entonces, súbitamente, escuché el jaleo de Blue ladrando agitado y todo eso.

Esto me llamó la atención.

–Ese tipo de conducta, ¿no es habitual en Blue? –pregunté.

–Ah, ¿pero *'zted* no sabe que el *heeler* nunca ladra a no ser que suceda algo malo? –Volvía a mirarme como si yo no fuera demasiado listo–. Ni siquiera presté mucha atención al perro porque me imaginé que estaba con Bill, y Bill siempre cuida de Blue. Y sé que eran las 10:30 porque tenía que sacar mis *pazteles* del horno justo a esa hora. Entonces, de golpe levanté la mirada y vi a Blue en la cocina, ¡junto a mí! Sus ojos me miraban fijamente, nervioso, y seguía ladrando con el hocico erguido, como si intentara decirme alguna cosa –movió su cabeza mientras recordaba–. A continuación, Blue subió corriendo hasta la habitación, volvió a bajar a la cocina, regresó a la habitación y, de nuevo, bajó a la cocina, arriba y abajo, como si hubiese enloquecido.

Mary suspiró profundamente.

–¡Bueno!, me dije a mí misma. Tengo que subir al dormitorio para ver qué están preparando Blue y Bill. ¡Oh Dios, qué sobresalto cuando subí! –Hizo una mueca al recordarlo–. Me encontré a Bill medio fuera de la cama, tratando de respirar con dificultad y haciendo unos ruidos como si se estuviera ahogando.

Mi mente corría. ¿Era posible que el perro de Bill hubiera percibido la alarma de su derrame?

–Tiré de Bill para colocarlo en el suelo junto a la cama, pero no tenía fuerza en un lado –prosiguió Mary–. Blue casi había arrancado las sábanas tratando de agarrar algo que pudiera utilizar para sacar a Bill de la cama y bajármelo a la cocina. En ese momento llamé al 061; eran las 11. Y aquí estoy, con usted –concluyó, cruzando los brazos sobre el pecho y presionando los labios firmemente como diciendo: «es todo».

La historia de Mary me hizo pensar en los perros de mi tío Nato. Cuando era pequeño, criaba unos hermosos pointer alemanes de pelo corto. El tío Nato vivía en la casa contigua a la de mis abuelos, de modo que durante toda mi infancia pude jugar con los perros de mi tío y conocí sus costumbres. Muchas veces, mientras yo miraba, tío Nato ladraba unas cuantas órdenes y media docena de magníficos pointer alemanes corrían a su lado, se ponían en fila y esperaban atentos la próxima orden. Nunca quitaban los ojos de encima del tío Nato.

–¿Por qué no te gustan los gatos? –le pregunté una vez.

Tío Nato se inclinó y colocó su rostro redondo y rubicundo a diez centímetros del mío.

–Ya podría tener la casa repleta de gatos –me explicó–, que si una noche se produjese un incendio, todos esos gatos habrían salido por la puerta antes de que mi familia y yo tuviésemos ocasión de reaccionar –casi escupió la palabras–. Pero en la misma casa –dijo suavizando el tono–, si yo tuviera un solo perro, ese perro nos sacaría a todos vivos. O moriría en el intento.

Con eso, aprendí algo fundamental sobre la diferencia entre los perros y los gatos.

Después de graduarme en medicina, al mudarme a Allentown, Chris, uno de mis compañeros, nos regaló a mí y a mi familia un cachorro Lhasa Apso. Lo leí todo sobre esa raza y aprendí que, durante siglos, los monjes tibetanos habían criado ese animal para que los alertara cuando algún enemigo se aproximara al monasterio. Esta raza había desarrollado un fino sentido del oído y un ladrido agudo en *staccato* para avisar a sus dueños de cualquier posible problema.

Nuestro cachorro se llamaba Jingy, y poseía un control extraordinario de su entorno. Era capaz de oír a alguien que se acercara a nuestra casa a cien metros de distancia, incluso con todas las puertas y ventanas cerradas. Una noche me despertó con un ladrido de alerta persistente, hasta que me levanté y bajé; la puerta del garaje estaba abierta. Me quedé maravillado de que Jingy supiera que esa puerta no debería haber estado abierta durante la noche. ¿Por qué le preocupaba que la puerta no estuviese bien cerrada? Pero lo hizo, y no hubiera dejado de ladrar hasta que alguien se hubiese levantado para cerrarla.

Con el tiempo, aprendí los distintos idiomas de los perros. Jingy tenía un ladrido que significaba que quería jugar, otro para anunciarnos que le gustaba saludarnos, y otro más para informarnos de que necesitaba salir fuera para orinar. Cada ladrido tenía un tono y una musicalidad distintas, y con el tiempo podía reconocer la textura del mensaje y el grado de urgencia. Llegué a conocer el lenguaje secreto de los perros –sencillo, fiable y, en muchos aspectos, más claro que el lenguaje humano, que a menudo utiliza palabras para decir una cosa pero, en realidad, significa otra–. Jingy también poseía una aguda capacidad para reconocer y responder a las emociones humanas. Parecía percibir cuándo tenía ganas de jugar o estaba distraído, eufórico o triste, y modificaba su propia conducta de acuerdo con mi estado.

Si Jingy podía saber todas esas cosas, ¿habría percibido Blue que Bill padecía un derrame mientras dormía? Por un momento, un titular de noticias pasó rápidamente frente al ojo de mi mente: «Neurólogo pierde su título para ejercer medicina tras administrar demasiado tarde un medicamento peligroso para el derrame a la víctima. ¡Dice que el perro le obligó a hacerlo!».

Vi los rostros de mis compañeros cuando escuchaban las noticias. Si le daba a mi paciente el medicamento de alto riesgo basado en la historia de un perro y el resultado era malo, ¿cómo justificaría mi decisión? ¿Quién me creería o me perdonaría cuando dijera que conozco a los perros y que confié en aquél?

Hay mucha bibliografía sobre perros que salvan personas, respondiendo a un sexto sentido sobre la enfermedad y las crisis. Había perros que habían arrastrado a sus dueños desde el interior de edificios en llamas. Perros capaces de seguir el rastro de un hombre al cabo de tres días de caminar por el campo. Perros que habían encontrado a personas enterradas entre los escombros de un terremoto. Perros que eran capaces de acostar a pacientes epilépticos antes de que tuvieran la convulsión, como si la presintieran antes de que derribara a la persona. Nadie sabía exactamente cómo era posible que los perros hicieran todo eso y, lo que era más intrigante, *por qué* lo hacían. Ningún otro animal en la historia de la humanidad había permanecido tan leal y tan entrelazado con la cultura humana.

¿Por qué Blue *no podría* haber percibido el momento en que su dueño tenía un derrame mientras estaba durmiendo, haber reconocido que la situación era de vida o muerte y haber intentado comunicar el dilema de su dueño al único ser humano que se encontraba en la casa en aquel momento?

Pedí disculpas a la señora Baker y regresé a urgencias; volví a poner las placas del TAC bajo la luz. Decían que el accidente vascular era muy reciente, y también lo dijo Blue. La prueba dijo que si no hacíamos nada, el derrame probablemente provocaría una lesión cerebral irreparable. Bill quedaría con el lado derecho paralizado para siempre, incapaz de hablar. Y hasta podía morir. Miré a los demás miembros del equipo de derrames.

–He tomado la decisión –anuncié lacónico–. Vamos adelante con el tPA.

Claranne y Joanne, las dos enfermeras del equipo, se miraron y arquearon las cejas; luego me hicieron salir a la sala de espera.

Claranne disparó la salva inicial.

–Doctor Castaldo, ¿se ha vuelto loco? ¡No sabemos con precisión en qué momento se produjo el derrame! ¡No podemos administrar este fármaco! Si lo administramos en este momento, estamos fuera de las recomendaciones de la FDA, la ASA y la AHA![3] ¡No puede hacerlo de *ninguna* manera!

Ahora le tocaba el turno a Joanne.

–¿No irá a arruinar la vida de este hombre basándose en la historia del ladrido de ese perro loco, no?

Tenía los brazos en jarras y me miraba como si me hubiera calado y no le gustase nada la idea.

–Sabe muy bien que los perros están *siempre* ladrando. Se ignora por qué ladran. Yo no sé por qué ladran. Simplemente ladran por ladrar, esto es *todo.* –Y concluyó–:

3. Siglas de la Agencia de Medicamentos y Alimentos, la Asociación Americana de Accidente Vascular Cerebral y la Asociación Americana de Cardiología. (*N. del T.)*

Ahora, lo mejor que podemos hacer es iniciar tratamiento endovenoso con suero, darle una aspirina y esperar a ver qué pasa.

–Claranne, Joanne –empecé para tantear la situación–, respeto vuestros consejos y recomendaciones. Y, sí, puede parecer una locura, pero creo en el blue heeler.

Las dos enfermeras me miraron con la boca cerrada. Fui directo.

–Realmente pienso que el perro supo cuándo empezó el derrame del señor Baker e intentó avisar a su esposa. No existe ninguna otra explicación a la conducta del perro. Mi instinto es poco convencional, lo admito, pero creo que sin tratamiento este hombre quedará neurológicamente devastado. Creo que tenemos que considerar la posibilidad de que el perro de Bill presintiera algo que nosotros somos incapaces de percibir como seres humanos y lo comunicara del único modo que sabe.

Respiré profundamente.

–Sigamos adelante con el tPA, ¡y empecemos ahora mismo! –ordené.

Con estas palabras, Claranne y Joanne salieron corriendo como si quisieran despegar. Claranne llamó a la farmacia del hospital y pidió el medicamento. Joanne la ayudó colocando la sonda urinaria a Bill. Mientras tanto, le volví a auscultar el tórax y el cuello. No fui capaz de escuchar ningún ruido ni ningún murmullo en las carótidas, lo que era una buena señal; significaba que probablemente no hubiese ninguna gran oclusión arterial.

Por otro lado, los latidos cardíacos de Bill eran irregulares. En realidad, era un patrón «irregularmente irregular», lo que significaba que no había ningún patrón de latidos predecible, que unas veces era demasiado lento y, otras, excesivamente rápido. Miré el monitor cardíaco, que confirmó mis sospechas. Bill padecía una fibrilación auricular, la expresión médica para designar una frecuencia cardíaca irregular.

«Frecuencia cardíaca irregular» suena a algo bastante benigno, pero en determinados casos puede ser devastador. La fibrilación auricular es la causa de accidente vascular cerebral más común en Estados Unidos. El mal funcionamiento de la aurícula cardíaca favorece la formación de coágulos que, cuando se desprenden, pueden llegar a cualquier órgano pero, especialmente, al cerebro. Entonces, me di cuenta de que la causa más probable del derrame de Bill debía de ser un episodio de fibrilación auricular. Un coágulo de la cámara interna de su corazón se había desprendido súbitamente y fluido hasta la arteria cerebral media izquierda, taponando el flujo sanguíneo hacia la mitad izquierda del cerebro de Bill. En este punto, habría muy poco tiempo para restablecer el flujo sanguíneo y, de este modo, restablecer el tejido cerebral lesionado. Cada minuto contaba.

Administré el tPA, el fármaco que disuelve coágulos, por la cánula intravenosa que las enfermeras habían preparado en el brazo izquierdo de Bill. Simultáneamente, controlamos su presión sanguínea elevada, le pasamos suero para mejorar su circulación y le controlamos el grado de oxigenación de la sangre. Esperé hasta que el tPA se hubiera distribuido por el cuerpo de Bill y luego salí pitando hacia el laboratorio cardiovascular, donde encontré un aparato Doppler de ultrasonido transcraneal portátil y lo llevé hasta urgencias. El Doppler es un instrumento sensible capaz de valorar rápidamente el flujo sanguíneo y proporcionar una imagen de éste, especialmente el de las arterias. En pocos minutos podría utilizar los pulsos ultrasónicos del Doppler para ver si la sangre regresaba al lado izquierdo del cerebro de Bill.

Pero mientras observaba el monitor Doppler, se me cayó el alma a los pies. No había flujo sanguíneo. Parecía como si no hubiéramos tenido éxito en el intento de deshacer el coágulo con una dosis intravenosa de tPA. El coágulo era demasiado grande y la llegada del fármaco al coágulo había sido demasiado lenta. Mantuve el Doppler enfocado a la arteria obstruida esperando, irracionalmente, que la energía del ultrasonido ayudara a destruir el coágulo, allí donde la química no podía hacerlo por ella misma. El tiempo se agotaba. Pero todavía quedaba una opción.

Habíamos superado la ventana de las tres horas para administrar tPA intravenosa –por lo menos de la forma como se administra habitualmente–, pero si inyectábamos el fármaco *directamente* sobre el coágulo, podríamos hacerlo hasta seis horas después de que se hubiera producido la apoplejía. Esto se podría hacer si llevábamos a Bill a la sala de intervenciones de radiología y deslizábamos un pequeño catéter desde la arteria de la parte superior del muslo hasta el cerebro, el lugar donde el coágulo estaba obstruyendo el flujo sanguíneo. Sin embargo, aun cuando lo lográramos, este proceso volvería a aumentar el riesgo de padecer una hemorragia cerebral mortal. Los riesgos potenciales, ¿eran superiores al riesgo real?

Me apresuré a llamar por teléfono al doctor James Jaffe, un cirujano radiólogo, y le describí la situación. Jim y yo habíamos previsto este escenario y él estaba preparado para actuar inmediatamente. Estuvo de acuerdo en que, en aquellas circunstancias, valía la pena correr aquel riesgo. Así pues, condujeron a Bill a la sala para intervenciones especiales del departamento de radiología, y Jim cateterizó rápidamente la arteria del muslo derecho con una sonda ultradelgada que, posteriormente, empujó hacia el cerebro. Jim inyectó un colorante por el tubo, lo que nos permitió ver la circulación del cerebro de Bill, una técnica que se conoce como angiografía cerebral.

El estudio confirmó lo que ya había sospechado con el Doppler: no habíamos conseguido deshacer el coágulo por vía intravenosa. Nuestra única esperanza era inyectar más tPA directamente en la arteria taponada de Bill, y romperlo tanto mecánicamente como con ayuda química. Jim, que consiguió deslizar con destreza el catéter hasta el coágulo de la arteria cerebral media de Bill, administró directamente el tPA sobre el coágulo.

Era una técnica muy peligrosa, y ambos lo sabíamos. En cualquier momento, Bill podía sangrar y morir allí mismo, mientras estábamos interviniéndolo. Pero no ocurrió. Al cabo de pocos minutos, empezamos a ver como la sangre oxigenada comenzaba a fluir hacia los tejidos que, unos minutos antes, no recibían sangre. Estábamos llenos de esperanza, de nuevo. Ya eran cerca de las 4:30 de la tarde y habían transcurrido casi seis horas desde que Blue descubrió el derrame cerebral de Bill. Sin embargo, todavía quedaban algunas cuestiones importantes: ¿Habíamos actuado a tiempo, o su cerebro había pasado un período demasiado largo sin oxígeno para recuperarse? ¿Padecería Bill una hemorragia cerebral mortal como consecuencia directa de nuestra intervención? Aún faltaba algún tiempo para saberlo. En los días siguientes todavía tendríamos que sudar por la incertidumbre antes de descubrirlo.

Durante los dos primeros días tras la intervención, Bill mostró signos mínimos de mejoría. Además, no había signos de sangrado ni de empeoramiento de la situación, y traté de animarme con eso. Sin embargo, el tercer día, cuando entré a la unidad de cuidados intensivos de neurología, Bill parecía encontrarse mucho mejor. Estaba sentado, hablaba un poco y era capaz de mover el lado derecho de nuevo.

–¿Cuándo podré ver a Blue? –me preguntó con una voz algo pastosa.

Normalmente, no se permite que los perros y otros animales entren en el hospital; sin embargo, yo sabía que Blue no era ninguna mascota común y corriente. De modo que solicité un permiso excepcional a la dirección del hospital, y me lo concedieron.

Todavía recuerdo la primera vez que vi a Blue. Cuando corría por el vestíbulo hacia la habitación de Bill, me sorprendió ver su aspecto tan *normal*. Blue era un animal robusto, de caderas anchas y del tamaño de un husky de Alaska, pero sus rasgos se parecían a los de un pastor alemán. No sé qué es lo que esperaba; ¿acaso un «superperro» con una capa y unos leotardos de cuatro patas? Blue era, sencillamente, un animal adorable que mostraba claros signos de querer muchísimo a su dueño. La conexión entre ambos quedó patente desde el momento en que se vieron en la habitación del hospital. Blue corrió directo hacia Bill y le lamió la mano débil, como si supiera que esa mano necesitaba una atención especial. Luego, Blue se sentó a los pies de la cama, sencillamente contento de volver a estar junto a su dueño. Bill, por su parte, sonreía mientras acariciaba el lomo de su mejor amigo. En aquel momento tuve la sensación interior muy intensa de que todo saldría bien.

En realidad, la recuperación de Bill no fue ni fácil ni rápida. Sin embargo, después de varias semanas de rehabilitación, ya tenía fuerza suficiente para regresar a su hogar en la granja. Bill todavía cojeaba y se cansaba con facilidad, pero estaba muy agradecido de volver a su casa junto a Mary, Em y Blue, y disfrutaba con su compañía, las visitas de los amigos y el aspecto siempre cambiante de su jardín perenne. Algunas semanas después de su regreso, el periódico local publicó una interesante historia muy humana sobre su experiencia, que incluía una fotografía de

Bill, Blue, el doctor Jaffe y yo. El día después de la publicación, mientras pasaba visita en el hospital, muchos de mis colegas me detenían en los pasillos y me ladraban y aullaban a modo de saludo. (Estoy convencido de que fue una conspiración, pero lo encontré muy divertido.)

Y hubo más reacciones. Los días posteriores a la publicación del artículo en el periódico, docenas de vecinos, amigos, pacientes y colegas me expresaron su entusiasmo por la historia de Blue y Bill. Mirando hacia atrás, estoy seguro de que este interés no fue solamente una respuesta a una historia ingeniosa sobre un perro. Me parece que fue, sobre todo, una sentida respuesta al poder del amor y de la comunicación que puede existir entre las personas y sus mascotas, así como las misteriosas vías por las que esta unión se manifiesta.

* * *

Sé que Blue me cambió. Entre otras cosas, despertó mi sentido de la importancia de escuchar a los pacientes… con algo más que los oídos. Cuando los pacientes nos explican sus historias, los médicos normalmente escuchamos las palabras con las que se expresan y tratamos de encontrarles el significado. Pero cuando se trata de personas y enfermedades, hay mucho flotando en el ambiente. Está la textura, una sensación, un inefable *algo* que, o suena bien, o no, y alguna vez resulta difícil de comunicar con palabras. Nuestros perros siempre han percibido este reino vital y subterráneo de la realidad. Ahora, siempre que intento descifrar un caso médico difícil, pienso en Blue y trato de recordar que tengo que ir a la esencia. Y si algo no acaba de encajar –o si aparece algo poco convencional o extraño que *sí* hace que las cosas cuadren–, trato de acordarme de confiar en mis instintos, aun cuando esto suponga arriesgarse y, ocasionalmente, conlleve algún ladrido escandaloso por parte de los demás.

De Blue también aprendí algo sobre lo que realmente importa en la vida. Aprendí –y todavía estoy aprendiendo– que cuando alguien que quieres llega a casa después de un día largo, es hermoso recibirlo en la puerta, mover la cola y hacerle saber cuánto te alegra verlo, sin importarle lo cansado o distraído que puedas estar. Igualmente, estoy aprendiendo que, si esta persona es tu verdadero amor, lo mejor que puedes hacer es continuar dándole apoyo de manera visible, con todas tus fuerzas. La presencia es el regalo más poderoso que podemos dar a alguien a quien queremos. Preocuparse, escuchar y simplemente sentarse junto a alguien transmite un mensaje más claro y profundo que muchas palabras.

Mientras tanto, por la mañana temprano, cuando me despierto y me dirijo en zapatillas hacia el baño, trato de acordarme de levantar la persiana y echar un vistazo a nuestro jardín. Lo miro durante un instante y doy gracias por el esplendor y el obsequio inigualable de un nuevo día. Luego busco los arco iris del cielo.

Tender puentes

Sentado con David

Era un agradable domingo de otoño. El día había amanecido gris, aunque cálido para la época, y todavía recuerdo cómo las hojas, que se habían vuelto de un color marrón nuez bien temprano en aquel otoño, revoloteaban como estorninos asustados desde las ramas hasta el suelo con cada golpe de brisa. *Más tarde saldré a pasear en bicicleta*, me prometí a mí mismo mientras me sentaba en el estudio a primera hora de la mañana, luchando por imaginar un modo posible de conectar una vieja impresora láser con mi nuevo ordenador superrápido Mac. Más tarde, escuché los pasos de unas zapatillas de deporte, levanté la mirada y vi a Dave, mi hijo mayor, que me miraba desde el umbral de la puerta.

–Papá, ¿tienes problemas para conectar la vieja tecnología y la nueva, no? –me dijo con su sonrisa amplia.

–¿Cómo lo adivinaste? –le pregunté.

Risueño, se puso manos a la obra, dando la vuelta a mi ordenador, comprobando los cables y conectándolos de nuevo. A continuación, me dijo que iba a bajar nuevos *drivers* para la impresora desde Internet, para lograr que nada chirriara. Ése era el típico Dave: cuando algo le interesaba, se entregaba con alegría e intensidad. A medida que avanzaba, me iba enseñando con paciencia lo que hacía, compartiendo conmigo su considerable conocimiento sin hacerme sentir tonto. Al cabo de una hora, estaba sentado frente al teclado, escribiendo a gran velocidad.

–¡Uau, papá! –me dijo después de silbar–. ¡Este trasto mola!

«Tú también, hijo», pensé.

Después, Dave me pidió que le prestara el coche para pasar la tarde con sus amigos. Iba a una escuela que estaba a media hora de carretera, de modo que tener amigos requería voluntad y ruedas. Aunque sólo tenía dieciséis años, tenía mucha confianza en Dave, porque era un conductor prudente y responsable. Le lancé las llaves del Volvo, le acompañé fuera, le deseé que le fuera bien y me quedé mirándolo mientras se alejaba lentamente por la calle. Al bajar la mirada hacia el suelo, me di cuenta de los hoyos que había en el camino y me recordé que pronto tendría que pavimentarlo de nuevo con el sellador de asfalto que había comprado en Sears y guardé en el garaje. «Quizá me dedique a este proyecto junto con Dave la próxima semana», me dije. Otra experiencia para unirnos... literalmente, pensé mientras sonreía por mi juego de palabras.

Dos horas más tarde, estaba de pie junto a mi mesa buscando algún papel, cuando sonó el teléfono. «Debe de ser algún amigo de mis hijos», pensé distraídamente.

–¿Doctor Castaldo? –preguntó una voz.

–Sí –respondí, hablando mientras miraba una factura.

–¿Tiene un hijo que se llama David?

Entonces, presté atención.

–¿Quién habla? –pregunté.

–Soy de la atención pastoral del hospital Lehigh Valley –dijo la voz.

Estaba totalmente confundido. Ése era *mi* hospital. ¿Por qué me llamaban para hablarme de David?

–Su hijo acaba de padecer un grave accidente. Tiene que venir al hospital de inmediato.

–¡Dios mío! –murmuré. Era cómo si me hubieran quitado todo el aire de los pulmones.

–¿Está bien? –mascullé–. ¿Está... vivo?

–Me parece que no se lo puedo comunicar por teléfono –dijo la voz con un tono profesional y seco–. Por favor, diríjase a urgencias.

–¿No puede explicarme por lo menos qué ha sucedido? –imploré.

–Todo lo que puedo decirle –añadió la voz– es que su hijo fue transportado en helicóptero medicalizado desde la autopista, donde se vio involucrado en un grave accidente de tráfico.

Oí como el auricular del teléfono golpeaba la mesa mientras las piernas se me doblaban. Me apoyé en el escritorio hasta sentarme en el suelo de parqué de mi estudio. Me quedé inmóvil durante algunos minutos, empapado de sudor. Podía olerlo tan bien como era capaz de notar cómo me salía por los poros. Era el olor del miedo.

Las palabras «accidente grave» se habían quedado colgando en el aire. Podía verlas flotando como si no pesaran por la luz gris que se filtraba a través de las cortinas de encaje que enmarcaban las ventanas de mi estudio. Las palabras «atención pastoral» también revoloteaban por allí. Atención pastoral significaba que las cosas se habían desplazado de lo físico a lo metafísico, de la esperanza a la desesperanza. Había retrocedido hasta mi época de monaguillo, cuando me llamaron en la clase de séptimo grado de la escuela católica para ir a un funeral. Me vi a mí mismo como un acólito, vestido con la sotana y el sobrepelliz blanco por encima, sosteniendo el pesado cirio con la cera líquida goteándome sobre las manos, haciendo fantasmagóricos moldes de mis manos. Escuché la voz profunda y fuerte del cura reconfortando a los desconsolados, asegurándoles que su ser querido se encontraba ahora en un lugar mejor, junto a Dios, y que algún día se encontrarían de nuevo con él. Nunca me pareció que estas palabras reconfortaran demasiado a quienes estaban vivos. Tampoco me reconfortaban a mí en ese momento.

Las palabras «helicóptero medicalizado» también daban vueltas por la habitación, como tantos helicópteros que había visto aterrizar en el helipuerto del hospital para transportar a los heridos más graves. Yo mismo había atendido a muchas de estas almas con lesiones cerebrales con mucha profesionalidad. Había iniciado el tratamiento con medicamentos para controlarles las convulsiones, había ordenado que se hicieran resonancias magnéticas o electroencefalogramas, y había hablado con muchos familiares desesperados, para informarles que no había «ninguna esperanza de supervivencia funcional». Éste era el código para decir: «Su ser amado está en coma terminal, de modo que llegó la hora de pensar en dejarle morir». «Helicóptero medicalizado.» Hasta ahora, para mí esa expresión sólo tenía un significado profesional, como la excelencia de nuestro hospital con su unidad de traumatología de nivel uno, primera clase. Ahora sólo significaba dolor.

Después de explicar la mala noticia a mi esposa Nancy, ambos hicimos el corto trayecto hasta el hospital para descubrir si nuestro querido hijo estaba muerto, vivo, en estado vegetativo o en cualquier situación intermedia. Conduje despacio hasta la puerta de urgencias. De nada servía correr allí. No era ningún médico que se tuviera que apresurar para salvar una vida. Era un familiar, a quien habían llamado para recibir noticias que yo no quería escuchar. No en aquel momento; nunca, en realidad.

Cuando entras en un servicio de urgencias concurrido, no hay nadie que venga a atenderte. Lo que ves son enfermeras y médicos que corren de acá para allá, concentrados y con algún propósito. Ves pacientes a los que llevan en sus camillas desde una sala a la otra; hay estudiantes de medicina, residentes, recepcionistas y otros familiares preocupados. En medio de este caos arrollador, nadie parece preocuparse por el estado anímico de los demás. Los familiares son lo último que importa en la atención de quien llega con una lesión.

–Hola –dije a la enfermera de recepción. Levantó la vista del papel con el rostro impasible.

–Mi hijo ha tenido un accidente de automóvil y lo han traído con un helicóptero medicalizado –me apresuré a decirle–. Me llamaron desde la atención pastoral y me pidieron que hablara con ustedes.

–¿Quién es usted? –respondió con expresión neutra.

–Soy el doctor Castaldo. Hace más de quince años que trabajo aquí –repliqué con impaciencia, sorprendido de que hubiera alguien en el hospital que aún no me conociese, pero todavía más sorprendido de que no parecía que nadie nos estuviera esperando.

–¿Cómo se llama, su hijo? –preguntó.

–David Castaldo –solté.

Hojeó algunos papeles.

–¡Ah, sí! David ha venido en helicóptero –concordó–. Pero ya no está aquí. En realidad, no estoy muy segura de dónde está en este momento –agregó, volviendo a fijar la atención en sus papeles.

Me imaginé agarrando a esa mujer del cuello y estrujándola lentamente.

–Escuche –le dije enfadado–, tiene que decirme si mi hijo está vivo o muerto, en el hospital o en la morgue, ¡y tiene que hacerlo ahora mismo!

La enfermera me miró a los ojos.

–Oiga, ¿por qué no se calma? –me replicó con autoridad–. Veré qué puedo hacer. ¿Podría esperarse en la sala de acompañamiento de los familiares?

Luego se puso de pie y se largó.

Mientras esperábamos en la pequeña sala de acompañamiento para familiares, sabía que no habría ninguna respuesta rápida. Conocía la rutina. Había hablado con muchas familias en aquella habitación. Al cabo de un rato, una mujer de la atención pastoral nos dedicó unas cuantas palabras de consuelo. Pero no sabía detalles sobre el estado de David. El tiempo parecía heberse detenido. Mientras Nancy estaba sentada rígidamente en una silla metálica, yo daba vueltas por el cubículo.

Más de una hora después, un médico del equipo de traumatología entró en la sala. Se sentó y empezó a hablar con rapidez y en un tono contenido.

–Su hijo tiene una herida importante en la cabeza –empezó–. Lo han intubado en el lugar del accidente y se encuentra en coma profundo. Le hemos hecho un escáner de la cabeza y ahora se encuentra estable. Sin embargo, es demasiado pronto para predecir cómo evolucionará.

El médico se puso de pie y se marchó.

–¡Gracias a Dios, está vivo! –dijo Nancy, exultante.

–Sí, gracias a Dios –repetí de manera mecánica. Pero las palabras «intubado en el lugar del accidente» se me habían quedado atragantadas.

Cuando intuban a alguien en el lugar del accidente, significa que la lesión es tan grave que la víctima ha dejado de respirar. El equipo de rescate le administra un fármaco que le paraliza todos los músculos del cuerpo y, a continuación, le introduce un tubo por la tráquea para restablecer y controlar la respiración y para asegurar el suministro de oxígeno que el cerebro necesita. La ventana de tiempo para intubar es de sólo seis minutos. Después de eso, el cerebro empieza a morir por falta de oxígeno. Podía imaginarme a David jadeando en busca de aire mientras alguien le introducía un tubo por la garganta, y rogaba que el equipo de rescate hubiera llegado antes de los seis minutos necesarios para prevenir una lesión cerebral irreversible. Si no había sido así, mi hijo nunca se despertaría del coma; y, todavía peor, si lo hacía, tendría que pasar el resto de sus días en la cama de una residencia en estado vegetativo permanente.

Unos instantes después nos sacaron de la sala de acompañamiento y nos llevaron a ver a mi hijo en la unidad de cuidados intensivos. En silencio, Nancy y yo tomamos el ascensor hasta el sexto piso y seguimos el camino hasta la unidad destinada al cuidado de las personas con alteraciones cerebrales graves, un viaje que, como neurólogo, hacía a diario. Olvidando por completo que ahora era un padre y no un médico, no pedí permiso a nadie para entrar, sino que deslicé mi tarjeta de identidad y me precipité al interior de la sala.

Nunca olvidaré la visión que tenía frente a mí. A Dave, que acababa de llegar del servicio de tomografía, lo estaban pasando de la camilla a la cama. Todavía llevaba su ropa de calle manchada y el tubo de respiración le salía por la garganta; mientras le ponían sobre la cama, pareció tener una convulsión. La camisa y los pantalones estaban completamente llenos de sangre y lo miraba, incrédulo, mientras la enfermera se apresuraba a cortarle la ropa para quitársela del cuerpo.

Era como si hubieran pasado un rallador de queso por el rostro de mi querido hijo. Una herida fea y sangrante zigzagueaba sobre su mejilla y, de su ceja, un pedazo de carne le colgaba sobre el ojo. Los ojos de Dave, hinchados y amoratados, estaban cerrados. Y toda la cara, el tórax y el brazo izquierdo estaban salpicados de pequeñas heridas sangrantes, allí donde habían impactado los cristales de la ventana.

Oí el gemido antes de reconocerlo. Era el ruido de mi propia voz, que emitía un sonido gutural, primario y agonizante. Antes de que nadie pudiera detenerme, corrí hacia él y hundí mi rostro en el pecho de mi hijo, mientras las lágrimas se mezclaban con la sangre, los cristales y la suciedad.

–Oh, Dave, ¿qué has hecho? –lloré–. Por Dios, ¿qué has hecho?

Parecía que nadie me hubiera visto. Las enfermeras prosiguieron su trabajo, apenas mirándome. Nancy, abrumada al ver a nuestro hijo, se disculpó y se sentó en la sala de espera. Incapaz de salir, me fui hasta el rincón de la UCI y eché un vistazo mecánico. En esos momentos, mi vida junto a David me pasó por delante de los ojos. Le vi como bebé, negándose tercamente a gatear. Sin embargo, a los siete meses, pasó directamente de estar sentado a caminar, con insistencia y sin miedo, tratando de dirigirse a la alfombra de la sala de estar antes de caerse.

Le recordé con cinco años, determinado a aprender a montar en una bicicleta sin ruedecitas. A pesar de mis repetidas recomendaciones sobre su utilidad, Dave no las usó; en lugar de eso, prefería pedalear alocado mientras yo corría junto a él, virando bruscamente a izquierda y a derecha y, a menudo, evitando un árbol por los pelos. Se cayó, se cayó y volvió a caerse, pero a pesar de tener las rodillas ensangrentadas y llenas de morados, nunca lloró. Simplemente, persistió hasta que su cuerpo, como por arte de magia, aprendió cómo aguantarse sobre dos ruedas. Incluso en aquel momento, admiré su determinación. Y temí que hiciera caso omiso del peligro.

Uno de mis recuerdos favoritos era el de cuando hacíamos volar cometas con Dave y sus dos hermanos menores. Tenía una gran bolsa roja de nylon llena de todo tipo de cometas que había comprado o había construido para los muchachos a lo largo de los años. Algunas planeaban por el cielo de maravilla. Algunas corrían a baja altura. Algunas eran, sencillamente, bellezas de papel. Hay que escoger el tipo de cometa apropiado según las características del día y el viento. Cogiendo el hilo de la cometa seleccionada, salíamos hacia la playa, donde Dave y sus hermanos la sostenían hacia arriba mientras yo soltaba hilo. Justo cuando llegaba la ráfaga de viento adecuada, hacía una señal a Dave y la lanzaba arriba hacia el viento, mientras la cometa despegaba a ráfagas, luchando para cobrar vida. A menudo, hacía un picado kamikaze hacia el océano hasta que, en el último momento, alzaba el vuelo, ascendiendo a bandazos hacia las nubes. En ese momento, Dave y sus hermanos se apresuraban para llegar a mi lado y coger el «control». Mi suegro había construido un artilugio de madera que era como un enorme carrete de pesca que permitía que los chicos soltaran hilo fácilmente y lo recogieran cuando la cometa flotaba en el cielo.

A menudo, había pensado que hacer volar cometas es como hacer crecer a los niños. Tienes que juzgar bien el viento y tienes que dar a la cometa suficiente hilo para controlarlo, proporcionándole al mismo tiempo suficiente libertad. Si das demasiado hilo, la cometa se irá excesivamente lejos o irá demasiado rápida y se enrollará en un árbol o se perderá en el océano. Si sostienes el hilo demasiado tirante, la cometa luchará contigo y se precipitará al suelo. Con suficiente hilo, se mantiene un delicado equilibrio entre el viento, la mano, el padre y el hijo.

Pero ahora, estas metáforas sutiles parecían fuera de lugar, los recuerdos de antaño de una paternidad nada problemática. Miré a mi hijo tendido inmóvil en la cama de acero inoxidable frente a mí. Eché un vistazo al rostro maltrecho de Dave y recordé su sonrisa de oreja a oreja, la sonrisa con que tan a menudo obsequiaba al mundo... y que por regla general le permitía obtener lo que deseaba. Sentado en mi rincón, me preguntaba si alguna vez volvería a ver esa sonrisa.

Tras una noche de insomnio en casa, me levanté a las cinco de la madrugada y fui directo al hospital, un ritual diario que seguiría durante las siguientes semanas. Cada mañana entraba en la habitación de Dave, acercaba la silla a su lado y me quedaba allí hasta medianoche, pasando mis manos sobre el pecho de mi hijo y acariciándole el rostro mientras le susurraba: «David, soy papá. Te quiero, Dave. Es hora de despertarte». A veces, caminaba un poco por el cuarto y le hablaba como si sólo estuviera durmiendo. Otras veces, le ponía aceites en la piel, o le pasaba un paño fresco cuando parecía que sudaba o que estaba inquieto. Con frecuencia, ponía un CD con la música original que Dave había tocado con su banda, con la esperanza de que la reconociera y se despertara. «Soy papá», le diría una y otra vez mientras los días pasaban. «Estoy aquí por ti.» Sin embargo, un día tras otro, mi hijo permanecía en silencio.

Finalmente, alrededor de medianoche regresaba a casa para tratar de dormir un poco. Pero mi mente no se desconectaba. La mayor parte de las noches sacaba una vieja botella de whisky escocés que me había regalado mi hermano por mi cumpleaños y me servía un trago antes de meterme en la cama. A veces, Nancy todavía estaba despierta, pero hablábamos poco. Parecía como si no hubiera nada que decir. Me tumbaba en la cama y me quedaba hasta que el sol salía de nuevo contemplando el ventilador del techo, que dibujaba remolinos de sombras en las paredes.

Llamé a mi familia y a mis amigos. Vinieron uno a uno. Mi hermano tomó un avión y no se alejó de mi lado. Mi padre, mi madre y mis hermanas llegaron poco después y hacían turnos para sentarse conmigo y para ayudarme a atender a mis otros dos hijos. También apoyaban a mi esposa Nancy, que normalmente estaba demasiado alterada para acompañarme a la UCI. Mi colega Larry y su esposa Eva venían a visitarme cada tarde. A menudo, me traían bebidas y bocadillos, y me forzaba a mí mismo a comerlos. Parecía que nadara en adrenalina y tenía náuseas. Como médico, sabía que cada día que mi hijo estuviera tumbado inmóvil, había menos y menos probabilidades de que se recuperara.

El quinto día, puesto que Dave seguía en coma, me di cuenta de que todavía no entendía cómo había ocurrido el accidente. Por razones que no me parecían nada claras, tenía que ir hasta el lugar del choque para ver con mis propios ojos qué había ocurrido. Esa tarde, un amigo me acompañó hasta el escenario del accidente. Mientras explorábamos la zona, el estómago se me revolvió. Era imposible estar preparado para una escena tan violenta. Vi la imagen borrosa de las marcas en diagonal del frenazo, la hierba levantada, y un árbol del diámetro aproximado de un poste telefónico, cortado desde la base por el parachoques del automóvil. Vi pedazos del guarda raíl y una valla hecha con cadenas a su lado. Unos días antes, la policía había examinado la zona e interrogado a los testigos. Pero un informe policial no tenía nada que ver con el desastre que estaba presenciando.

En aquellos momentos, reviví el accidente. Vi a Dave conduciendo feliz por el carril interior de una autovía de dos carriles que se estrechaba bruscamente a un carril. Le vi girando la cabeza rápidamente a la izquierda y darse cuenta de que otro automóvil le quería cortar; entonces le vi pisar el freno a fondo mientras giraba el coche hacia la derecha para evitar una colisión segura. Escuché un chirrido de los neumáticos mientras el automóvil coleaba y dejaba unas marcas inconfundibles sobre el asfalto. Antes de que Dave perdiera totalmente el control, la parte posterior del Volvo se desplazó hacia adelante y hacia atrás un par de veces y, a la tercera, la cola giró 180 grados, forzando el desplazamiento lateral del coche en la curva de cemento. El impacto levantó el vehículo lo suficiente para que diera una vuelta de 360 grados, de un lado a otro, y luego golpeara el árbol por el lado del conductor y chocara con la cadena que hacía de valla antes de detenerse por completo.

Vi el rostro de mi hijo en el momento terrible de lo inevitable, cuando ya sabía que estaba a punto de acontecer la colisión y no podía hacer nada para impedirlo. Vi la sangre saliéndole de la cara. Sentí el horror que le envolvía el cuerpo y el cerebro. Vi cómo el mundo daba vueltas frente a los ojos de Dave justo antes de que el árbol golpeara por la ventana, aplastándolo con su estela.

Conmocionado por estas imágenes, fui hasta el depósito de chatarra donde habían llevado el vehículo. Mi amigo y yo encontramos el Volvo tirado en un montón junto con docenas de desechos sin nombre, con la carrocería doblada en forma de «V». La puerta del lado del conductor estaba hundida casi hasta la mitad del volante, y el asiento del conductor estaba estrujado casi como si fuera una lata de cerveza de aluminio. Dave había recibido todo el impacto del árbol por la ventanilla del conductor. Vi su teclado electrónico, que había colocado en el asiento trasero, roto en mil pedazos.

El teclado de Dave. Había ido a todas partes con él. Creaba música original y compleja y la tocaba mientras le iba entrando en la cabeza, cada *riff* totalmente distinto del anterior. Músico de talento, Dave era capaz de trabajar en una pieza durante horas; a veces durante semanas, y nunca perdía el interés hasta que no había terminado. Podía verle encorvado sobre el teclado, con su mirada intensa pero tranquila y sólo de vez en cuando levantándola y desviándola de sus manos, como si esperara recibir la música del cielo. La rotura de ese instrumento –con la carcasa negra rota y las teclas de marfil esparcidas por todas partes– significó para mí la vida súbita y quizás irrevocablemente fracturada de mi hijo.

Luego nos acercamos a la comisaría de policía más cercana, donde supimos por primera vez que un policía que no estaba de servicio había estado en el lugar del accidente y que un transeúnte había llamado una ambulancia con su teléfono móvil. El policía, que regresaba a su casa después del trabajo, hizo la respiración boca a boca a Dave, le fue limpiando la vía respiratoria y le sujetó la cabeza en la posición correcta hasta que llegó la ambulancia y, luego, el helicóptero medicalizado. Cuando fui a ver a este hombre para darle las gracias, quitó importancia a lo que hizo («no fue nada») e insistió que cualquiera en su lugar habría hecho lo mismo. Sabía que no era cierto, y también sabía que la decisión de este hombre de detenerse para ayudar a mi hijo había sido absolutamente decisiva para la supervivencia de Dave. Aquel día emocionalmente tan intenso, por primera vez me di cuenta de lo que realmente sentía, algo así como una sensación de paz. Ahora sabía exactamente qué había sucedido, tanto los detalles de la angustia de mi hijo, como la gracia salvadora de la generosidad de un hombre.

Los días se mezclaban con las noches, que se mezclaban con el nuevo día. Yo continuaba sentándome junto a la cama de Dave, alternativamente enfermo de terror y atontado de cansancio. Sus enfermeras no dejaban de aconsejarme que me fuera a casa.

–Váyase a descansar –me decían–. No soluciona nada pasando tanto tiempo aquí. Lo llamaremos si hay cualquier cambio.

Como médico, había dicho exactamente lo mismo a muchos familiares. ¿Cómo podía ser tan insensible?

–Estoy aquí tanto por él como por mí –me limité a responder.

Durante esa terrible experiencia, aprendí quiénes eran mis amigos. Algunas personas a las que consideraba amigos muy cercanos llegaron a la sala de espera como por obligación, se acercaron para darme la mano, mostrar su preocupación y desearme lo mejor, pero yo sólo podía percibir que estaban demasiado ansiosos por marcharse, como si fuera portador de alguna enfermedad infecciosa. Un médico, un compañero habitual de los paseos en bicicleta, se cruzó conmigo en el vestíbulo y, casi como si se hubiera olvidado, se volvió y dijo en voz alta: «Oí que tu chico había tenido un accidente. Tienes que ser fuerte. ¡Espero que todo marche bien!».

Otros nunca aparecieron; se limitaron a mandar alguna tarjeta postal o flores. Pero yo no quería los sentimientos difuminados de Hallmark ni jarrones con tulipanes. Yo deseaba la presencia y la compañía humanas. Y aprendí que la verdadera compañía es muy distinta de las charlas para pasar el rato. Todavía recuerdo una visita de la hermana Elizabeth, la directora jubilada de la escuela elemental católica de Dave. Había oído lo del accidente e hizo un viaje de una hora y media para venir a visitarnos al hospital. Cuando me levanté para agradecérselo, se me acercó con los brazos abiertos y me cogió las manos. Mientras me miraba a los ojos, los suyos se humedecieron y movió la cabeza apenada. Nos abrazamos durante unos instantes. No intercambiamos una sola palabra. No hacía ninguna falta.

Pero pasé la mayor parte del tiempo solo con mi hijo. Cada mañana, cuando entraba temprano en la habitación de Dave, siempre me sorprendía verle junto al ventilador, con las luces apagadas. En cierto modo, pensaba que en la UCI tendría que haber una enfermera junto él cada segundo. ¿Y si su tubo de ventilación se le salía? Me preguntaba por qué esos tubos se aguantaban sólo por fricción y no con algún sistema de anclaje. También me preguntaba por qué nunca había pensado en este posible fallo en el sistema antes de que la vida de mi propio hijo tuviera que depender de ese ventilador.

Cada día esperaba los resultados del último TAC de Dave o de su último análisis de sangre. Y cada día, no había ningún médico que viniera a explicármelos. Obtenía de las enfermeras la mayor parte de la información. Como médico que era, recordaba cuán a menudo las enfermeras me habían llamado por megafonía para que hablara con familiares ansiosos que esperaban los resultados de alguna prueba de rutina practicada a algún ser querido. Pensaba para mí mismo, irritado: «¿Acaso no saben que ya les informaría si alguna de esas pruebas hubiese salido significativamente alterada?».

Ahora yo era uno de los que esperaba. Pensaba enojado: «¿Acaso los médicos no saben que proporcionar *cualquier* información es importante para mí?». También me preocupaba cada vez más el hecho de que no alimentaran a David. Le daban agua con azúcar, pero en aquel momento sabía que necesitaba algo más. ¿Por qué no se lo daban?

Después de que mi hijo se hubiera pasado siete días enteros en un coma sin respuesta, el jefe de neurocirugía se acercó por primera vez a hablar conmigo. Me habló de presión intracraneal, de sangre subaracnoidea esparcida y de radiografías. Recuerdo que le miraba y hacía esfuerzos para escucharle y pensar que todo lo que deseaba que hiciera era que me tocase. Hacía años que conocía a ese hombre como compañero de trabajo. Ahora quería que me pusiera la mano en el hombro; incluso, quizás, que me diera un abrazo breve y cálido. Pero no hubo nada de eso.

Cuando el cirujano se levantó para marcharse, alcé la mano para detenerle.

–Hace siete días –le recordé–. ¿No crees que deberíamos empezar a alimentar a Dave?

El cirujano se quedó en silencio un momento.

–De acuerdo, podríamos empezar a alimentarlo por tubo –respondió a regañadientes.

Entonces, comprendí que el médico pensaba que alimentarlo era excesivo. Pero yo pensaba que alimentarlo significaba esperanza. Alimentas a quienes están vivos, no a quienes se mueren. El hecho de que el equipo de traumatología no alimentara a Dave me hacía creer que, sencillamente, no pensaban que hubiese demasiadas razones para mantenerlo con vida.

–Sí –dije enérgicamente–, ¡alimentémoslo!

«En mi familia rige la esperanza», pensé mientras seguía contemplando a mi hijo silencioso e inmóvil. Recordé cuando Dave tenía doce años y participaba en competiciones de lucha. Era muy bueno –fuerte, rápido y listo–, pero perdía cada vez que se enfrentaba a un muchacho, un chico desgarbado y ágil llamado Jesse. Como entrenador del equipo de Dave, observaba una y otra vez cómo Jesse derribaba rápidamente a sus adversarios y los inmovilizaba. Sencillamente, era mayor y más rápido que cualquiera de los otros.

Jesse tenía fama por su habilidad para hacer la «inmovilización de cabeza mortal». No importaba la fuerza que hicieran las víctimas para tratar de librarse; estaban tan indefensas como moscas en una tela de araña. Una tarde, cuando un ex luchador olímpico vino a dar una conferencia a nuestro equipo, le pregunté cómo se puede salir de una inmovilización de cabeza. Se limitó a mover la cara.

–La única salida para una buena inmovilización es no dejar que te inmovilicen –nos explicó con una sonrisa compungida–; perdí bastantes torneos de este modo.

A medida que avanzaba la temporada, Dave y Jesse ganaron los respectivos torneos imbatidos, hasta que se enfrentaron en el torneo regional. Más de dos mil personas habían venido para asistir al gran espectáculo. Sólo un muchacho saldría con la medalla de oro.

Justo antes de subir al cuadrilátero, le di un abrazo a Dave y un golpecito en la espalda.

–¿Estás nervioso? –le susurré a mi hijo.

–No, papá –replicó–. Hoy lo inmovilizaré a él.

–Apuesto a que sí –le sonreí para animarle, aunque en el fondo de mi corazón sabía que Jesse, mucho mayor y con más experiencia que Dave, era virtualmente imbatible.

Empezó el campeonato, deprisa y con furia. Los puntos iban subiendo en favor de ambos; fue una competición cuerpo a cuerpo. Entonces, cuando el silbato marcó el tercer y último tiempo, Jesse hizo su famosa inmovilización. Dave luchó con fuerza, retorciéndose y arqueando la espalda, pero yo veía como perdía energía, mientras Jesse se esperaba tranquilamente en posición de poder, sabiendo que el fin estaba cerca. El entrenador titular me miró y levantó las manos en señal de derrota.

Cuando el reloj se detuvo, el árbitro se acercó al suelo para medir si Jesse había clavado oficialmente a Dave, haciendo que los dos hombros tocaran la moqueta al mismo tiempo. Con el corazón en un puño, vi como el árbitro movía la cabeza –¡no, no lo había clavado!–. Vi que Jesse apretaba con más fuerza, hundiendo toda la fuerza de su peso en el cuello de Dave, cuando, de repente, Dave arqueó el cuerpo, se dio la vuelta cogiendo a Jesse por sorpresa y se escabulló de la inmovilización. Durante tres segundos, Jesse sencillamente se quedó boquiabierto, chocado y paralizado al ver que su antigua víctima estaba de pie frente a él y listo para la batalla.

¡Justo en ese momento, Dave inmovilizó la cabeza de Jesse! Yo estaba eufórico y asombrado. Que yo supiera, mi hijo nunca había utilizado ese movimiento. Me di cuenta de que debía de haber tenido mucho tiempo para pensarlo, porque Jesse lo había tenido sujeto durante casi noventa segundos. Contemplé cómo Jesse se hundía sin remedio en la moqueta y también vi que la determinación pura y decidida llenaba los ojos de mi hijo. Sabía que se encontraba exhausto, a punto del colapso, pero allí estaba, desparramando sus fuerzas como si aquello fueran las cataratas del Niágara.

Una vez más, el árbitro se arrodilló sobre la moqueta. Durante cinco segundos de cronómetro, Dave clavó a Jesse ¡y ganó la medalla de oro! El público se levantó y rugió. Mi hijo acababa de ganar a un oponente imbatible. Es decir, imbatible a ojos de todo el mundo, excepto a los suyos. Había puesto en orden y guiado la imponente energía de la esperanza, y había ganado.

* * *

Cuando ya hacía diez días que Dave estaba en el hospital, entré en su habitación como de costumbre e hice mi batería de preguntas habituales.

–Dave, soy papá. Tuviste un aparatoso accidente de automóvil. Ya es hora de que te despiertes. Te quiero, Dave. ¿Puedes escucharme? ¿Puedes mostrarme dos dedos de tu mano derecha?

Justo en aquel momento, dos dedos de la mano derecha de Dave se alzaron en forma de signo de victoria. Sostuvo su mano en el aire sólo un instante, y luego se cayó inmóvil sobre la cama. Apenas podía creer lo que acababa de ver. Le pedí que abriera los ojos. No sucedió nada. Le pedí que me mostrara de nuevo dos dedos, ¡y lo hizo! Ni débil ni tentativamente, sino con decisión, con la confianza valiente tan propia de David. Me dirigí a la sala de enfermería con lágrimas en los ojos, gritando al personal para que fuera hasta la habitación para ver el milagro. ¡Mi hijo se había despertado!

Mientras se amontonaban junto a su cama, le pedí de nuevo a Dave que me mostrara dos dedos. Permaneció inmóvil. Se lo volví a pedir en voz más alta. Nada. No sucedió nada. Las enfermeras sonrieron con amabilidad y se marcharon, probablemente pensando que había tenido alguna alucinación.

Pero sabía que lo había visto con mis propios ojos. Fue la señal de esperanza que había estado anhelando cada minuto de cada día durante los últimos diez días. El signo de victoria de Dave me anunciaba: «¡He vuelto!, ¡Estoy vivo! ¡Sobreviviré!». Sabía, sin la más mínima duda, que detrás de la figura en coma, silenciosa y débil, había un muchacho que estaba luchando para salir adelante. La esperanza había vuelto a mí.

Y salió.

Fue un renacimiento lento. Los períodos en que estaba despierto duraban cada día un poco más. Pero durante algunas semanas sólo pudo hacer señales con los dedos o mover la cabeza. No podía abrir los ojos ni hablar. Finalmente, una mañana le pregunté si sabía quién era yo. Abrió los ojos y me miró de soslayo. Tras una larga pausa, dijo, con seguridad: «Eres mi papá».

El corazón estuvo a punto de salírseme del pecho.

Le pregunté si sentía dolor en la cabeza, porque recordaba que las radiografías y el TAC mostraban múltiples fracturas en el cráneo y las órbitas, «demasiado numerosas para contarlas».

Mi hijo me miró de reojo otra vez, se frotó la frente y respondió: «No, no duele nada». Estaba, a la vez, atónito y nada sorprendido. Era el David al que había visto caerse de la bicicleta una y otra vez, al que le habían salido cardenales y que se había frustrado, pero que no se preocupaba demasiado por el dolor. Me aliviaba profundamente saber que no estaba sufriendo.

Al cabo de una semana, Dave fue transferido a un hospital de rehabilitación, donde empezó a aprender, muy lentamente, a respirar por su cuenta, tragar, hablar, utilizar las manos y caminar de nuevo. Viendo cómo se recuperaba, tuve la sensación de que mi hijo volvía a pasar por toda su vida de nuevo, desde que era bebé hasta la infancia y la adolescencia, sólo que muy deprisa. Tres meses después del accidente, Dave volvía a estar en casa, hablando y riendo con nosotros, recibiendo visitas de los amigos y escuchando los consejos de su tutor para seguir las clases de la escuela. A los ojos de un observador espontáneo, mi hijo parecía totalmente recuperado. Pero las personas que le conocíamos mejor, comprendíamos que algunas partes de su cerebro todavía no estaban funcionando a la perfección, y quizá nunca lo hicieran.

Mi hijo, la persona más centrada del planeta antes del accidente, ahora se mostraba apático y de distracción fácil. Parecía haber olvidado por completo cómo tocar el teclado o escribir música –o, por lo menos, ya no estaba interesado en hacerlo–. Durante una época, luchó contra la depresión. Pero también hubo una oportunidad –y una esperanza–. Dave fue capaz de terminar la enseñanza superior e intentó ir a la universidad. Cuando se sintió abrumado por las demandas del programa de clases y los trabajos para realizar, decidió dejarlo. Hoy en día, con veintitrés años, vive en un apartamento con su hermano Mark. Juntos han iniciado un nuevo negocio de reparación, montaje y producción de ordenadores de alta velocidad.

Todavía conservo el recuerdo de Dave en el ring, aparentemente vencido en la cuenta atrás, sometido por su adversario, incapaz de levantarse de nuevo. Y, a continuación, me digo a mí mismo: *Pero lo hizo.*

* * *

Yo también cambié: ahora se qué significa que un sueño se esfume. Como médico, nunca estuve tan aislado de mis pacientes y de sus familiares como para pensar que una crisis médica sólo era un problema técnico que había que resolver. Sabía, por lo menos desde el punto de vista intelectual, que también suponía un dolor emocional. Pero no sabía, nunca había sospechado, hasta qué punto las lesiones y las enfermedades pueden arrastrarse hacia nosotros y robarnos los sueños. Todavía siento su peso sobre mis hombros cuando miro a Dave y recuerdo el muchacho para quien la vida estaba repleta de excitantes desafíos posibles, ya fuera poner en funcionamiento mi nuevo ordenador en pocos minutos, componer música con su teclado alegremente durante horas, o correr sobre la arena para levantar una cometa. Percibo su frustración profunda y su tristeza en mi cuerpo y en mi alma.

Pero también estoy profunda y eternamente agradecido. Agradecido de que Dave todavía esté con nosotros. Agradecido a todas las personas que contribuyeron a ello: el policía que estaba fuera de servicio, el transeúnte que pidió ayuda, la patrulla de la ambulancia, la tripulación del helicóptero medicalizado, y los médicos, enfermeras y personal sanitario que cuidaron de él tanto en el hospital como en el centro de rehabilitación. Cada minuto de cada día que pasa, sé que la vida de mi hijo es un milagro. También estoy profundamente agradecido a los amigos y familiares que estuvieron a mi lado durante esta larga y terrible experiencia. Vinieron y se quedaron. Me escucharon. Me abrazaron. Se sentaron conmigo, con mi aflicción y mi pavor.

Ahora, cuando recibo a los acompañantes en la sala de urgencias y en las consultas o en la UCI, sé algo que no sabía antes. Los miro y comprendo que quizás ayer –¡ayer!– sus vidas eran despreocupadas, no estaban llenas de nada más que de la desazón para pagar una cuenta o correr para no llegar tarde a una cita. Ahora, de repente, su ser querido corre peligro y me miran, con los ojos desesperados y tristes; veo cómo sus sueños se desvanecen frente a ellos.

Intento recuperar estos sueños. A veces, lo logro. Pero cuando no soy capaz –cosa que ocurre a menudo– comprendo que todavía queda mucha terapia por delante. Puedo poner mi mano sobre su hombro. Puedo pronunciar palabras de consuelo, palabras que realmente estén llenas de sentido. Ahora sé que no puedo quitarles el dolor. Pero puedo acompañar a los familiares durante su viaje a través de la noche. Puedo intentar hacer todo lo posible para iluminar su camino.

Prueba de fuego

Estaba sentado en la sala de espera del consultorio del doctor Scherr, tratando de acallar mi ansiedad. El doctor Lawrence Scherr, director de internos y residentes del hospital Bellevue, era una persona muy atareada, y accedió a verme sólo después de haber persuadido a su secretaria de que tenía que tratar con él un asunto extremadamente urgente.

–Le verá –dijo finalmente, moviendo su mano de forma distraída hacia la silla que estaba en un rincón.

Mientras esperaba, reflexioné sobre mi primera semana de trabajo. Yo era un interno recién llegado al hospital Bellevue, uno de los lugares más buscados para hacer el internado en la ciudad de Nueva York. Dos años antes, como estudiante de tercer curso de medicina, había hecho mi rotación de tres meses por medicina general en Bellevue y la experiencia me había parecido extremadamente satisfactoria, llena de casos interesantes y con una enseñanza de primer nivel por parte de los médicos del servicio. Entre esos médicos, el doctor Scherr tenía una reputación inigualable como clínico y como médico y, para mí, había sido el mayor atractivo del programa. Cuando leí la carta de aceptación, empecé a bailar alrededor de la mesa de la cocina, gritando de alegría.

Junto con dos de mis colegas internos, Bill y Harry, heredé treinta y seis pacientes del ala B de Bellevue, una sala exclusivamente de mujeres situada en la planta baja del hospital. La primera sala tenía tres hileras de camas sólo separadas entre sí por cortinas. La sala cavernosa estaba poco iluminada; únicamente, tenía algunas lámparas que colgaban del techo y la luz de un sol débil que trataba de penetrar por estrechas ventanas con rejas.

Nadie iba a Bellevue para un problema menor. Todos los pacientes padecían alguna enfermedad grave y, bastante a menudo, múltiples dolencias, como neumonía más insuficiencia cardíaca más diabetes. En parte, eso se debía al hecho de que Bellevue era un hospital público que utilizaban, sobre todo, los pacientes con ingresos bajos que no tenían ningún seguro médico y cuyo estado clínico, por tanto, a menudo se agravaba antes de que llegaran a la consulta. Además, los médicos de los hospitales privados de la ciudad y de los servicios de urgencia de los hospitales de la caridad a menudo derivaban a Bellevue a los pacientes que no querían tratar, un procedimiento llamado «rebotar». Esta práctica nefasta ya ha sido declarada ilegal pero, en aquella época, no existía ninguna ley que lo prohibiera y era algo habitual en todos los hospitales del país.

Mi primer día, el 1 de julio, lo pasé «recogiendo» (haciéndome cargo de) doce pacientes que me habían asignado.

Mientras me presentaba a cada paciente como «el doctor Levitt», me preguntaba si alguno de ellos percibiría que ése era mi primer día como médico de verdad. Recuerdo que cuando mi primera paciente, una mujer anciana con insuficiencia cardíaca, murmuró con su respiración dificultosa: «Encantada de conocerle, doctor», sentí un intenso alivio.

Pero mi alivio duró poco. El interno que me había precedido en el ala B, a quien nunca conocí, me había escrito algunas notas «extraoficiales» en la historia clínica de cada paciente, describiéndome por qué cada uno de los pacientes había ingresado, qué tratamiento le habían recetado y qué se podía hacer todavía por ellos. Me asignaron pacientes con hemorragia gastrointestinal, con diabetes grave, con insuficiencia renal o con enfermedades cardíacas avanzadas. Una vocecita en mi interior me susurraba: «¿Qué te hace suponer que *tú* podrás ayudar a alguna de esas personas, tú, que nunca has sido responsable de la atención de ningún paciente en tu vida?». Traté de calmarme recordando que mi residente supervisor, el doctor Ken Frish, me ayudaría y me aconsejaría. Pensar que el doctor Frish, con un solo año de internado, debía de ser un médico muy experimentado y con muchos conocimientos daba la medida de mi inadecuado sentido de la realidad.

Aquel primer día estaba «al loro», o sea, era responsable del ingreso de cualquier paciente nueva al ala B durante las siguientes veinticuatro horas. Por tanto, además de intentar aprender los complejos problemas de los pacientes que había heredado, también esperaban que gestionara cualquier sorpresa que me pudiera llegar con los nuevos. Mi primera paciente fue la señora Betty Kelly, una mujer de sesenta años y pelo canoso que le había explicado al médico del ambulatorio que hacía tres días que tenía fiebre de 40 grados, acompañada de dolor al orinar. Pálida y con escalofríos, ingresó en el centro y la condujeron al ala B en silla de ruedas. Después de que una enfermera la ayudara a ponerse una bata, me presenté y corrí la cortina para aislar la cama.

–Dígame, señora Kelly –empecé con el tono de voz más reconfortante que supe encontrar–, ¿por qué está aquí?

Temblando de manera evidente, repitió sus síntomas.

–Tengo frío y me escuece cuando orino. –Y, seguidamente, añadió en voz más baja–: Tengo miedo, doctor.

–No se preocupe –le dije, tratando de no transmitir mis nervios con la voz–. Estamos aquí para ayudarla.

Imaginé que padecía alguna infección urinaria grave, de modo que le tomé una muestra de orina. En aquella época teníamos que examinar las muestras nosotros mismos; no había equipos de extracción sangre ni técnicos de laboratorio que se encargaran de estas tareas rutinarias. De modo que, en un pequeño laboratorio que había junto a la sala, me puse frente al microscopio, donde vi un ejército de glóbulos blancos en la orina –una señal clara de la presencia de infección–. Mandé una muestra para hacer un cultivo y empecé una tanda de tratamiento con antibióticos para la señora Kelly, mientras pensaba: «Bueno, a fin de cuentas, no será tan grave».

Entonces, el cielo me empezó a caer encima. Aquella misma tarde la señora Helen Reilly, de setenta y dos años, llegó con dolor torácico y una abundante hemorragia gastrointestinal. Primero la vi en urgencias; uno de los residentes de urgencias me llamó diciéndome que creía que teníamos que ingresarla. Estaba tumbada en una de las camillas de urgencias, lánguida, delgada y pálida, con la presión sanguínea baja y el pulso acelerado. Sin embargo, me sorprendí cuando oí que decía, con un marcado acento irlandés:

–Doctor, creo que me voy a morir.

Sonriéndole, le respondí:

–Le prometo que ahora no; ¡no permitiremos que eso ocurra!

Empecé pidiendo un análisis de sangre a la señora Reilly, que me mostró que estaba muy anémica. Pensé que la anemia era la causa más probable de su dolor torácico, porque la sangre no llevaba bastante oxígeno a su corazón.

En la misma camilla de urgencias, hice un electrocardiograma (ECG) a la señora Reilly, una prueba que dibuja la actividad eléctrica del corazón y muestra las anomalías. Ken, el residente supervisor, estaba por allí y me ayudó a interpretarlo. Se podía percibir con claridad que la paciente mostraba signos de isquemia, de flujo sanguíneo cardíaco insuficiente.

Entonces, me dediqué al problema que causaba la anemia de la señora Reilly. Tratando de ir lo más deprisa posible, le saqué un poco de sangre para verificar su grupo sanguíneo y hacer una «prueba cruzada», que es un test para buscar incompatibilidades entre el grupo sanguíneo de una persona y el grupo sanguíneo que se le transfunde, puesto que estaba convencido de que necesitaría sangre. En ese momento, y sin previo aviso, la tensión arterial de la señora Reilly se desplomó bruscamente.

–¡El pecho me está ardiendo! –gritó.

En pocos segundos entró en estado de shock y dejó de responder. Me giré hacia Ken, angustiado.

–¿Qué hacemos?

Me di cuenta de que valoraba la situación con calma y centrado.

–Larry –respondió–, quiero que te tranquilices y hagas exactamente lo que te diga.

Pero no podía pensar en relajarme. El corazón me golpeaba las costillas mientras trataba de acelerar el proceso de encontrar sangre, hacer la prueba cruzada y transfudirla a la paciente para estabilizarla. Siguiendo las instrucciones de Ken, también administré líquidos por vía intravenosa a la señora Reilly y bajé un poco la cabecera de su cama, de modo que la sangre pudiera fluir hacia su cerebro con mayor velocidad. Durante todo ese proceso, Ken permaneció a mi lado; juntos y en silencio, esperábamos con ansia que la señora Reilly se recuperara. Sin embargo, en lugar de eso, sus signos vitales continuaron apagándose hasta que, de golpe, su corazón se detuvo. Traté de resucitarla, pero ya era demasiado tarde. Mientras la miraba sin dar crédito a lo que veía, Ken confirmó que la paciente había muerto.

Pero el calvario todavía no se había terminado.

–Tenemos que comunicarlo a la familia –me dijo Ken.

Lo seguí hasta la sala de espera medio atontado; allí vi a tres personas que nos miraron esperanzadas: el esposo de la señora Reilly y dos hijas mayores.

–¿Cómo está? –preguntó el señor Reilly, con una cara que mostraba, a partes iguales, esperanza y temor.

Percibí que Ken inspiraba profundamente.

–Lo siento muchísimo –dijo con voz tranquila–; a pesar de haberlo intentado todo, la señora Reilly ha muerto. Creemos que padeció un ataque cardíaco masivo.

El señor Reilly se desplomó en la silla temblando. Sus hijas empezaron a llorar. Yo me quedé de pie, impotente, a la vez aturdido y sintiéndome culpable. Unos instantes después, Ken volvió a tomar aire y preguntó si deberíamos hacer una autopsia para determinar la causa exacta de la muerte.

–Si lo desean, este tipo de estudio podría ayudar a otras personas a las que les suceda algo parecido.

Entre lágrimas, el señor Reilly asintió para acceder, mientras sus hijas se limitaban a mirarnos. Por un momento me vi a mí y a mi colega con los ojos de ellas: dos muchachos desmañados con bata blanca jugando a médicos. ¡En aquella época, Ken tenía veintiséis; yo sólo tenía veinticinco! Me imaginaba a aquella familia pensando en lo peligroso que podía llegar a ser llevar a un pariente al hospital durante la primera semana de julio, cuando llegan los nuevos internos que únicamente están supervisados por residentes sólo un poco más rodados.

Más tarde, Ken trató de tranquilizarme.

–Seguramente, no podíamos haber hecho nada más para salvarle la vida –me dijo.

No le creí. Yo sabía que había reaccionado con demasiada lentitud y que tenía que haber empezado a administrarle sangre antes. Reflexioné sobre la manera en que me había reído entre dientes y había hecho callar a la señora Reilly cuando me dijo: «Creo que me voy a morir». Sería la última vez que no hacía caso de la intuición de un paciente sobre la gravedad de su enfermedad.

El siguiente ingreso fue la señora Barbara Lazar, a quien encontré tendida en una camilla de la ruidosa y ajetreada sala de urgencias. Sólo tenía cincuenta años, pero parecía anciana, con una telaraña de arrugas sobre el rostro exhausto.

–Tengo mucho frío –fueron las primeras palabras que me dirigió, entre crisis de tos.

Estaba a 39,5° C. Cuando le ausculté el pecho percibí que tenía dificultad respiratoria y crepitaciones; sospeché que se trataba de neumonía, sobre todo porque al toser producía un esputo verde y espeso.

–Ayúdeme, por favor –me imploró la señora Lazar, respirando aparatosamente mientras hablaba.

En esta ocasión no hice ninguna promesa fácil.

–Le aseguro que lo intentaré –le dije.

Los cinco minutos siguientes estuvieron repletos de actividad: tomé una muestra de esputo y lo mandé al laboratorio para que lo analizaran y preparé a mi paciente para hacerle una radiografía para confirmar mi diagnóstico inicial. Sin embargo, antes de tener ocasión de acercarme al laboratorio, llamaron a la señora Lazar de la sala de rayos, de modo que yo mismo arrastré la camilla hasta allí porque en aquellos días no había ningún celador. Uno de los técnicos se ofreció amablemente para echar un vistazo a mi paciente hasta que hubiera terminado el estudio. Esto me liberó para poder correr hasta el laboratorio y examinar el esputo: vi que había bacterias del tipo neumococo, una de las causas más habituales de neumonía. Regresé a toda prisa a la sala de rayos X: ¡las bacterias habían infiltrado cuatro de los cinco lóbulos de los pulmones de la señora Lazar! Cuando era estudiante de medicina, había visto pacientes con uno o dos lóbulos llenos de bacterias, pero nunca cuatro. Eso significaba que la mayor parte de su espacio pulmonar había sido colonizado y que estaba inflamado, lo que le afectaba gravemente su capacidad para respirar. Me temí lo peor.

Rápidamente, empecé a administrar líquidos a mi paciente, inicié un tratamiento con penicilina, la tuve en observación y esperé. Cuando la fiebre de la señora Lazar empezó a disminuir, respiré aliviado. Pero ya sin dar nada por seguro, continué valorándola periódicamente, por si se producía algún empeoramiento súbito. Me sentí a punto de explotar por la enorme tensión.

Más tarde, Bill y Harry, los otros dos internos del ala B, «ficharon», lo que quería decir que se marchaban a su casa a dormir. Para mí, eso significaba lo inimaginable: pronto sería el responsable de los treinta y seis pacientes de la sala hasta la mañana siguiente... ¡además de ingresar a los pacientes que fueran asignados al ala B! Mientras Bill y Harry revisaban para mí el estado de sus pacientes más enfermas, las que podían presentar algún problema durante la noche, yo iba tomando notas y percibía que mi ansiedad iba en aumento hasta llegar a niveles muy elevados. Ken estaba igualmente «pringando» aquella noche, pero él también estaba cubriendo a dos residentes de otras salas y ya tendría bastante trabajo. Sabía que tenía que descansar, pero no tenía tiempo de hacerlo. Arañé un par de minutos para llamar a Eva, mi esposa.

–Hola, por aquí está todo perfecto –mentí.

Pero debió percibir el desánimo de mi voz, porque después de desearme buena suerte en mi primera noche de guardia, añadió:

–Larry, sé que puedes hacerlo.

Sobre la una de la madrugada, cuando estaba sentado ante el «carrito de las historias» del ala B para revisar el estado de los pacientes que había heredado temporalmente, el altavoz gritó: «Doctor Levitt a urgencias, ¡emergencia!». Con el corazón en un puño, subí las escaleras de dos en dos hasta el piso de arriba. Allí me informaron que habían asignado a otra paciente a mi sala. Era la señora Bertha Goldberg, una mujer obesa de setenta y cinco años que estaba sudando muchísimo. Llevaba una estrella judía. Inmediatamente pensé en mi madre, que muy orgullosamente se refería a mí como «mi hijo, el doctor». Dudé que aquel día también se sintiera orgullosa de mí.

La señora Goldberg tenía fiebre alta, una erupción cutánea en todo el cuerpo, hipotensión y pulso rápido. Mientras le extraía sangre para hacerle un análisis, me dijo con voz débil: «Doctor, tengo un dolor de cabeza malo». Cuando percibí la rigidez de su nuca, sospeché que tenía meningitis y sabía que tendríamos que hacerle una punción lumbar de inmediato. Pedí ayuda a Ken y, bajo su dirección pausada, llevé a cabo esta delicada prueba. No fue sencillo: durante el primer intento no logré obtener líquido cefalorraquídeo; sin embargo, afortunadamente, al segundo intento, con una punción profunda, la aguja encontró el lugar correcto en el canal medular. Cuando salió, llena de pus, me sentí aterrorizado. Temí que otra paciente mía pudiese fallecer pronto.

Durante horas, la respuesta de la señora Goldberg fue escasa, y tanto Ken como yo nos preguntábamos si llegaría a reaccionar. Me pasé toda la noche con ella, con la señora Kelly, que estaba batallando con una infección urinaria y fiebre alta, y con la señora Lazar, que luchaba con una neumonía. Estuve moviéndome constantemente, corriendo de una paciente a la otra, comprobando sus signos vitales y ajustándoles los medicamentos y el gota a gota. Por suerte, Carol, una enfermera experimentada, tenía turno en el ala B aquella noche, y todavía recuerdo agradecido su espíritu solidario conmigo, tanto para vigilar a las pacientes como para avisarme de cualquier evolución que observara, como «Kelly tiene mejor aspecto» o «Lazar tose un poco menos».

A pesar del cansancio puro y duro, daba lo mejor de mí. Por la mañana, hacía veinticuatro horas que estaba levantado trabajando. Peor aún, sabía que me quedaban doce horas más de trabajo antes de poder marcharme a casa. Esta época era anterior a las investigaciones de la Comisión Bell sobre las condiciones laborales de los médicos internos y residentes, que condujeron a la recomendación de impedir que trabajaran más de veinticuatro horas seguidas y más de ochenta horas semanales. Más tarde, en 1989, esa recomendación se convirtió en ley del estado de Nueva York. Antes de eso, se suponía que los internos como yo simplemente «nos callábamos» y poníamos un pie delante del otro durante treinta y seis horas seguidas, a menudo trabajando casi cien horas semanales. Se trataba de una práctica de alto riesgo, si uno considera que los pacientes gravemente enfermos eran tratados de manera rutinaria por médicos que tenían una falta de sueño crónica.

Mirando atrás, me doy cuenta de que otros internos debieron de haber padecido el mismo grado de tensión y de cansancio. Pero en aquella época no lo sabía. Ningún interno o residente habría admitido nunca sentirse abrumado o sobrepasado y, mucho menos, se habría atrevido a cuestionar abiertamente el sistema que perpetuaba nuestro estado permanente de fatiga. Prevalecía una actitud *de macho* que sospecho que formaba parte de la realidad de aquel tiempo. Era la época de la guerra de Vietnam y algunos de nuestros compañeros prestaban sus servicios en el delta del Mekong o en un hospital de campaña en Danang. ¿Quién se iba a quejar?

Afortunadamente, por la mañana salí de admisiones y mis dos internos regresaron para hacerse cargo de sus veinticuatro pacientes. Me las arreglé para tomar un café y cereales fríos en el bar antes de regresar corriendo a la sala. Allí pasé el resto del día, atendiendo ahora a catorce pacientes (doce menos una más tres). Durante todo el día fui repitiendo el mantra: «resiste, resiste». Además de monitorizar de cerca a varias pacientes de alto riesgo, di el alta a dos enfermas que había ingresado el interno que me había precedido, hice algunas recetas y anoté algunas cosas en las historias clínicas. No podía imaginarme pasando todo el año con ese nivel de estrés.

Todavía recuerdo muy vívidamente la sensación de dejar el hospital alrededor de las seis y media de la tarde. Mientras caminaba las catorce largas manzanas hasta nuestro apartamento en el barrio de Union Square de Manhattan, me di cuenta de cosas que nunca había advertido antes: el olor de los árboles alineados en las aceras, la luz titilante de la puesta de sol reflejada en las ventanas o la muchedumbre resuelta que regresaba a casa apresurada. ¡Las imágenes y las sensaciones de la bendita vida normal! Cuando llegué a casa, Eva había puesto en la mesa mi cena favorita: pollo asado con patatas; saboreé como nunca la delicia de una comida caliente y hecha en casa. Empecé a explicarle a Eva algunas anécdotas del último día y medio, pero pocos minutos después dejé de hablar. Caí rendido sobre la mesa.

Según Eva –porque yo no recuerdo nada–, me despertó y me hizo caminar hasta la cama. Lo que sí recuerdo es que a las seis en punto de la mañana siguiente sonó la campanilla del despertador, que me abrió abruptamente las puertas de un nuevo día. Recuerdo el nudo que tenía en el estómago; fue haciéndose mayor mientras me duchaba, tragaba el desayuno y corría otra vez hacia el hospital a las 6:45 de la mañana. En el camino, repasé lo que tenía que hacer cuando llegara: extraer sangre de los pacientes, hacer los análisis de sangre y de orina de rutina, pasar visita y, sobre todo, prepararme para lo inesperado. El trabajo habitual en Bellevue.

La verdad es que dudaba que el cerebro y la resistencia me permitieran continuar. Tras dormir una noche, todavía me sentía exhausto y más ansioso que nunca. ¿Tenía realmente lo que se necesitaba para ser médico? Sin embargo, durante los dos días siguientes di lo mejor de mí mismo. Luego, cuando volvió a llegar la noche y yo estaba otra vez de plantón, la señora Marie Harris llegó a urgencias a las tres de la madrugada. Tenía sesenta y seis años, era baja y rechoncha, y su aspecto era bastante saludable. Sin embargo, hacía dos horas que tenía dolor en el pecho, lo que había convencido a su esposo de traerla al hospital. En el momento en que ingresó en urgencias, le hicieron un ECG que mostraba un «pequeño» ataque cardíaco. En aquel momento, este diagnóstico significaba una semana en el hospital para vigilar su estado, realizarle los análisis de laboratorio de rutina y asegurar un reposo en cama adecuado. Aun así, considerando todo eso, parecía que iba a ser uno de mis ingresos más sencillos.

Cuando leí la historia de la señora Harris, supe que cosía a máquina y que trabajaba con abrigos de piel, que no tenía ninguna enfermedad crónica y que incluso trataba de hacer ejercicio físico con regularidad.

–Camino por la ciudad –explicó–; me encanta.

No obstante, fumaba dos paquetes de cigarrillos al día, y sospeché que ése era el precursor de su infarto. La exploración era normal, pero tenía una tensión arterial elevada, de 150/95. En general, su perfil clínico era el de una mujer bastante saludable, lo bastante saludable como para no haber ingresado nunca, de no haber sido por el ECG. Me sentí razonablemente tranquilo por primera vez en los últimos días; solicité los análisis de laboratorio de rutina y yo mismo llevé allí las muestras. Mientras tanto, uno de los celadores acompañó a la señora Harris de urgencias al ala B y la puso en la cama 14.

Estaba escribiendo mis notas en su historia clínica, cuando escuché el grito de una enfermera:

–¡Oído! ¡Código azul, paro cardíaco, cama 14!

Fueron repitiendo este anuncio por el interfono, pero yo ya estaba junto a la cama de la señora Harris. La encontré sin pulso y sin respirar. Inmediatamente empecé a practicarle el boca a boca y a hacerle un masaje cardíaco. En menos de dos minutos llegó el equipo de código azul, le insertó un tubo en los pulmones e inició con eficiencia su actuación. Yo me quedé atrás, observando, con náuseas provocadas por el miedo. Tras diez minutos de esforzarse sin parar en resucitarla, y al no lograr que volvieran sus signos vitales, el equipo decidió que no se podía hacer nada más. El jefe del equipo anunció tranquilamente: «Señora Marie Harris. Hora de la muerte: 4:03 de la madrugada».

Mucho tiempo más tarde, la investigación médica establecería que justo después del momento en que ocurre un infarto de miocardio –aun cuando sea uno «pequeño»–, los pacientes tienen un riesgo especialmente elevado de morir. La mayor parte de estas muertes súbitas se deben a un ritmo cardíaco anormal llamado fibrilación ventricular; cuando esto ocurre, las cámaras cardíacas inferiores tiemblan, lo que impide que el corazón bombee la sangre de una manera efectiva. En la actualidad, los pacientes con ataques cardíacos tienen un riesgo mucho menor de muerte súbita gracias a la mejora en los sistemas de observación y en el tratamiento. Pero en aquel momento, casi cuarenta años atrás, yo no sabía nada sobre los riesgos especiales a los que se enfrentaban los pacientes tras haber padecido un infarto. Yo sólo sabía que otra paciente a mi cuidado había fallecido, y que probablemente había sido culpa mía.

–El doctor Scherr quiere verlo ahora –me anunció su secretaria, sobresaltándome en mi ensoñación.

Con los tacones altos golpeando rítmicamente el suelo, me condujo hasta su enorme oficina con suelo de madera. Eché un vistazo rápido a mi alrededor, recordando el momento, tan sólo diez meses atrás, en que me había sentado en ese mismo despacho, muy nervioso y excitado, mientras me entrevistaba antes de darme el puesto de interno. Las estanterías estaban repletas de libros de medicina desde el suelo hasta el techo, lo que no hacía más que ahondar mi ansiedad, al hacerme ver qué poco sabía.

Tras dudar un momento, entré.

–Doctor Scherr, me sabe muy mal molestarlo, pero mis dos primeros días han sido horrorosos. Dos de mis pacientes han fallecido.

El doctor Scherr simplemente me miró; resultaba imposible adivinar qué estaba pensando.

–Apenas he dormido y la mayor parte del tiempo me siento mal –continué–. En realidad, creo que no estoy hecho para ser médico. –Bajé la cabeza un instante, tratando de reunir suficiente coraje para lo que iba a decir a continuación–. Siento muchísimo defraudarle –dije finalmente cruzándome con su mirada–: he decidido renunciar.

El doctor Scherr me miró con aspecto serio, como si me estuviera midiendo.

–Larry –dijo al fin–, eres el cuarto interno que ha venido a verme esta semana para contarme una historia similar.

Me quedé atónito: realmente, había asumido que era el único que tenía problemas. Entonces, prosiguió, sin inmutarse:

–Mira, sé que eres capaz de hacerlo. Simplemente, hazlo lo mejor que puedas. Ahora, da media vuelta y continúa trabajando.

Su voz no dejaba entrever el menor ápice de simpatía, pero tampoco sonaba antipática. Cuando dijo: «Sé que eres capaz de hacerlo», pensé que parecía sincero.

–De acuerdo, lo intentaré –dije con docilidad.

En realidad, no tenía ninguna alternativa. El doctor Scherr se negaba a aceptar mi dimisión. No iba a dejar que me rindiera.

Pero tras esa primera semana penosa, realmente empecé a sentirme un poco mejor. Poco a poco me iba acostumbrando al estrés diario y era cada vez más eficiente en mi trabajo. También empecé a darme cuenta de que aprendía más por unidad de tiempo de lo que nunca había hecho antes. Aun así, fui consciente de lo afortunado que era de tener un residente como Ken, que me supervisaba. Me hacía sugerencias sencillas para ayudarme a reducir la tensión y ser más eficaz; por ejemplo, me aconsejó que me hiciera una tabla para cada paciente, en la que anotase las pruebas y tratamientos que todavía estaban pendientes. También me ayudó a pensar de manera lógica ante un problema y, durante este proceso, me enseñó mucho sobre infecciones urinarias, neumonías, hemorragias gastrointestinales y docenas de otras enfermedades a las que ahora me enfrentaba como médico de verdad. Bajo la paciente tutela de Ken, el lema de Bellevue: «Mira a uno, haz uno, enseña a uno» parecía funcionar. Y entonces ocurrió algo sorprendente, que, sin lugar a dudas, acabaría forjando mi futuro.

Unas cuantas semanas después de iniciar mi internado, ingresé a Frank Preston, un trabajador negro de cincuenta y cuatro años que llegó acompañado por Rose, su esposa. Llegó quejándose de que escupía sangre al toser. Frank era un fumador importante que había exhalado la vida con más de dos paquetes de cigarrillos al día durante treinta y cinco años o, tal como suele decirse, setenta «años-paquete». Trabajaba en un negocio de fontanería, transportando lavabos, tubos y otros productos que su empresa instalaba. Alto y delgado, tenía unas grandes manos ásperas de trabajador y un cuello jaspeado con unas venas prominentes. Tosía casi sin parar.

Durante un tiempo, tanto Frank como su esposa habían observado que a él cada vez le costaba más respirar. Rose le había insistido en que fuera al médico, pero él siempre acababa negándose, seguro de que sus problemas «se debían sólo al tabaco». Pero la mañana en la que su tos le produjo un coágulo de sangre roja y brillante, se asustó tanto que vino a la clínica Bellevue. En aquel momento ya me había «graduado» en el ala B y estaba en otra sala especializada en problemas respiratorios; me asignaron a Frank.

Cuando me acerqué a su cama para presentarme, inmediatamente percibí la tristeza que invadía los ojos de Frank.

–Por favor, ayúdeme, doctor –dijo–. Tengo que volver al trabajo para dar de comer a mi esposa y a mis hijos. No puedo dejar de trabajar por estar enfermo.

Asentí al tiempo que me tragaba la prisa para poder tranquilizarle. Cuando le exploré, me di cuenta de que Frank no estaba delgado: estaba realmente emaciado, lo que probaba la afirmación de su esposa de que había perdido unos 12 kilos en los últimos meses. Cuando también percibí que sus ojos estaban amarillentos, el corazón me dio un vuelco. No podía imaginármelo regresando al trabajo demasiado pronto. Tras explorarlo y hacerle una buena historia clínica, supuse que el hecho de toser sangre sólo podía deberse a dos situaciones: o bien a una complicación de la enfermedad pulmonar crónica, o bien algo más inquietante, un cáncer de pulmón provocado por el tabaco.

La radiografía de tórax confirmó lo peor. Frank tenía un enorme tumor canceroso en el hilio, el punto en el que se dividen los grandes bronquios, los tubos por los que pasa el aire. Y lo que era más grave, los análisis de sangre mostraban que tenía una función hepática alterada, y eso significaba que, probablemente, el cáncer ya se le había extendido al hígado. Este último diagnóstico lo confirmamos mediante una biopsia. Tenía un mal pronóstico ya que, en aquellos tiempos, la quimioterapia para el cáncer de pulmón extendido al hígado era casi ineficaz (bueno, hoy en día sólo es algo mejor). Una consulta con el servicio de oncología confirmó mi impresión.

Cuando le expliqué la situación a Rose, ella se mostró estoica, por lo menos mientras yo permanecí allí.

–Durante meses he pensado que estaba cerca del fin –me dijo con voz suave.

Sólo me pedía una cosa: que no le diera la mala noticia a su esposo.

–Quiero evitarle el dolor de una sentencia de muerte –dijo con la voz algo temblorosa–. Por favor, doctor, ¡es tan buena persona! No le aumentemos el dolor precisamente ahora.

Asentí.

–Cuando crea que es el momento oportuno –le dije–, usted misma se lo dirá.

Sólo un par de días después, todos los internos y residentes, más media docena de estudiantes de medicina, nos juntamos para una de las «rondas clínicas». En este rito de pase de visita semanal para los médicos jóvenes, presentábamos nuestros casos a un catedrático de medicina visitante que, a su vez, nos criticaba la presentación como una manera de mejorar nuestras habilidades clínicas y nuestro conocimiento.

Aquel día, nuestro profesor era el doctor Robert Loeb, un internista notable que había escrito un libro de texto muy conocido. Tenía una excelente reputación como clínico, pero también era conocido como un duro supervisor. Larguirucho y esbelto, con la cabeza cubierta de pelo blanco plateado y una corbata de seda roja que asomaba por el cuello de su bata blanca, el doctor Loeb parecía la quintaesencia del médico veterano. Ninguno de nosotros sabía con antelación quién sería el profesor invitado en la presentación de su caso, pero todos rogábamos que fuera cualquier otro.

A medida que el pase de visita avanzaba, el doctor Loeb miró a todos los médicos y estudiantes congregados hasta que su vista de lince se posó sobre mí.

–Doctor –me ordenó con su voz profunda y grave–, por favor, presente el caso siguiente desde el estrado.

Con el corazón al galope, me acerqué a la cama de Frank Preston a quien, entonces, ya conocía bien. Tenía los ojos cerrados. Tratando de mantener la voz firme, empecé:

–El señor Preston es un hombre de cincuenta y cuatro años, raza negra y enfermo terminal que llegó a nuestro hospital a comienzos de semana con tos sanguinolenta.

Mientras estaba diciendo esto, por la mirada atroz del doctor Loeb, supe que había cometido un terrible error.

–¡Joven, se acabó! –vociferó el doctor Loeb. ¡Su internado acabó! Ahora, salga de mi vista.

Me quedé helado. El cuerpo sencillamente no me obedecía.

–Me ha *¿oído*? –gritó–. ¡Váyase! ¡Ahora!

De algún modo, conseguí mover las piernas y empezar a alejarme del grupo.

–Siguiente caso, por favor –ladró el doctor Loeb, y el tren de estudiantes se desplazó a la otra cama.

Yo ya no existía más. Me vi a mí mismo en la puerta de salida, junto a la sala de enfermería, y allí me desplomé en una silla. Trataba de buscar el sentido a lo que acababa de suceder. ¿Qué había hecho mal?

A lo lejos, como en un sueño, escuché cómo presentaban los demás casos. Después de un tiempo que me pareció una semana, pero que probablemente no fue más de media hora, vi que el doctor Loeb y los otros se dirigían hacia la puerta de salida, donde yo estaba sentado solo como un escolar castigado. Bajo la mirada fija de quince médicos y estudiantes, el doctor Loeb se detuvo frente a mí, con sus ojos azules gélidos.

–Doctor Levitt –me preguntó con voz serena–, ¿cómo se ha sentido al oír que era el fin y que su internado había terminado?

–Terriblemente mal –murmuré.

–Precisamente –dijo el doctor Loeb con un tono profesional y cortante–. Y, ahora, ¿cómo cree que se sintió el señor Preston cuando usted anunció que era un enfermo terminal?

¡Dios mío! ¿Realmente había hecho eso? ¿Estaba tan nervioso que de verdad había pronunciado la sentencia de muerte de Frank en su presencia? Me sentí mareado, mareado por el remordimiento y la vergüenza, mareado porque me habían echado, mareado por ser tan extremadamente torpe.

–Seguro que también se sintió terriblemente mal –dije finalmente con una voz desalmada y casi inaudible, que apenas reconocía como propia.

El doctor Loeb asintió enfáticamente.

–¡Jamás, jamás diga que un paciente es un enfermo terminal delante de él! –dijo, pronunciando cada palabra por separado, como si yo fuera un alumno con problemas de comprensión–. Y, ahora, regrese a su trabajo.

Levanté la cabeza asombrado: ¡Me estaba otorgando una segunda oportunidad! Pero mientras el doctor Loeb daba media vuelta y desaparecía por la puerta con la cola de su bata blanca aleteando, no me sentí mejor. Rápidamente volvieron a parecer mis dudas anteriores sobre mi inteligencia y mi capacidad. Acababa de hacer algo terrible. Pronunciar una sentencia de muerte frente a un paciente era algo cruel e insensible en cualquier circunstancia, pero todavía era más imperdonable teniendo en cuenta la promesa que le había hecho a Rose, que dejaría que fuera ella quien le explicase la situación a su esposo. Más tarde, me di cuenta de que era casi seguro que Frank estaba durmiendo mientras presentaba su caso, puesto que no había reaccionado a mis palabras y Rose nunca me dijo que él se lo hubiera mencionado. Pero esto no era ninguna excusa por mi comportamiento. La había fastidiado otra vez... ¿Cuántas llevaba, ya? Una voz dentro de mi cabeza me gritaba: *¡Idiota! ¿Qué es lo que te hizo pensar que tenías lo que se necesita para ser médico?*

Pero tenía poco tiempo para profundizar en mis defectos. Al día siguiente dimos el alta a Frank, con instrucciones a Rose para que le alimentaran en su casa y le hicieran sentir cómodo. Desmoralizado como me encontraba, estaba decidido a ayudar a Frank para que pasara sus últimas semanas con relativa tranquilidad y paz. Hice todo lo posible para que le recetaran medicamentos para el dolor y otras molestias, y le planifiqué visitas periódicas de enfermeras a su domicilio. También hablé con Rose sobre pequeñas cosas que podían facilitar la vida de Frank, como asegurarse de que tenía el número necesario de almohadas en la cama para que no le costase tanto respirar. Fuera, en la sala de espera, le dije:

–Señora Preston, siento de todo corazón el trance por el que está pasando.

Me miró fijamente un momento, sin decir nada.

–Lo sé muy bien, doctor Levitt –dijo un instante después.

El fin de semana siguiente no tenía guardia e hice una visita a casa de Frank. Ésta no era una costumbre habitual entre los médicos de Bellevue, y apenas puedo explicar por qué lo hice. Sencillamente, sentí la necesidad de verle de nuevo. Mientras subía los tres tramos de escalera hasta su piso en una zona pobre de la ciudad, me pregunté cómo había podido Frank subir hasta allí. Rose me condujo hasta un dormitorio pequeño pero limpísimo, donde Frank descasaba cómodamente en la cama, aunque le costaba respirar. Su mirada se iluminó al verme, pero no pareció especialmente sorprendido.

–Hola doctor, ¿cómo está? –me preguntó levantando la mano para saludarme.

Rose me presentó a sus cuatro hijos, que tenían entre dos y doce años. Recuerdo en especial una niña muy alegre con trenzas, que me seguía riendo y llamándome «Doctor Larry». Mientras hablaba y jugaba con ella, no podía quitarme de delante un pensamiento: ¿Quién se haría cargo de estos niños cuando Frank muriera?

Sentado en una esquina de la cama de Frank, saqué mi estetoscopio y le ausculté los pulmones. Se oían sibilancias y estertores, que son los ruidos debidos al exceso de líquido en las vías aéreas. También le exploré el hígado, y lo encontré agrandado, sin duda a causa del tumor que iba creciendo. Desde el punto de vista médico, podía hacer poco, pero traté de reconfortarle.

–Señor Preston, usted es una buena persona y tiene muchas razones por las que vivir –le dije–. Vamos adelante.

En realidad, me sentía muy triste.

–Cuídese usted, doctor Levitt –me respondió–. Muchísimas gracias por haber venido.

De regreso a mi casa, fui pensando en las palabras de Frank. El hombre estaba postrado en la cama, moribundo y casi sin poder respirar… y me decía que *me* cuidara.

Dos semanas más tarde, mientras estábamos en otra ronda, recibí una llamada telefónica de Rose.

–Frank no se ha despertado esta mañana –me dijo, con voz llorosa. Me explicó que el funeral se celebraría al cabo de tres días, un sábado–. Doctor, no espero que venga –dijo–, pero ya sabe que será muy bienvenido si lo hace.

Era el único blanco en el funeral. Me senté en la iglesia tranquilo, tratando de no fijarme en las miradas. El pensamiento de los familiares y amigos de Frank acerca de «¿Quién es este muchacho?» era casi audible. Antes del oficio me acerqué a Rose, que estaba sentada con su vestido negro junto al féretro abierto.

–Señora Preston, lo siento mucho –dije.

No sabía demasiado bien qué hacer después de eso, pero Rose se encargó de todo. Me abrazó mientras me decía en voz baja:

–Muchas gracias por venir, doctor Levitt. Y por ser tan amable.

Ambos teníamos lágrimas en los ojos.

Me senté y esperé que empezara el oficio que, en la esquela, se titulaba: «Ceremonia de regreso a casa de Frank». Asentí instintivamente cuando leí estas palabras y me di cuenta de lo reconfortantes y animadoras que eran, en comparación con el escueto «funeral». Frank no se había limitado a morir; estaba de camino hacia un lugar familiar y hermoso, un lugar al que eternamente había pertenecido. Cuando la música del órgano empezó a sonar, Rose, sus cuatro hijos y los padres de Frank se dirigieron al pasillo y se pusieron en primera fila. Yo me senté con una rara sensación de paz.

Entonces, el pastor subió al púlpito. Describió a los asistentes muchas de las bondades de Frank, como la de solucionar los problemas en las cañerías de los vecinos sin cobrarles nada o ayudar a los que estaban enfermos, incluso llevar durante varias semanas las provisiones para una vecina anciana que se había roto la cadera. A continuación, otros miembros de la congregación se acercaron a la parte delantera de la sala y hablaron, uno por uno, de su relación especial con Frank; eran personas que lo habían conocido y que lo habían querido como amigo, vecino, tío, hijo o hermano.

Luego, de repente, los *spirituals* baptistas llenaron la sala. Mientras el órgano tronaba sobre nosotros, toda la congregación cantaba, se mecía, daba palmadas y, de tanto en tanto, gritaba en voz alta para rezar al Señor. Creo que yo era el único que desconocía la letra de las canciones, pero no importaba: pronto me puse a dar palmadas y a tararear junto con los demás, movido por la música y la palpable sensación de amor que flotaba en la atmósfera. Sabía muy bien que se trataba de un acontecimiento triste, porque un hombre relativamente joven con una familia que le amaba y le necesitaba se había marchado de repente. Yo mismo me sentía genuinamente triste: había llegado a ocuparme personalmente de Frank y respetaba su valentía y ecuanimidad. Pero, de alguna manera, la atmósfera que se respiraba en aquella sala –los *spirituals* sinceros, la cadencia de la música del órgano, los cantos y los testimonios– me produjeron una sensación de calidez, de tranquilidad y de estar conectado. Era lo más próximo a la serenidad que había vivido desde hacía mucho, mucho tiempo.

Después de eso, no recuerdo realmente haber tomado la decisión de continuar ejerciendo la medicina. Fue más fruto de la experiencia de saber, en algún rincón profundo de mi cuerpo y de mi mente, que algún día podría llegar a ser un buen médico… y quizá ya estaba aprendiendo a serlo. Empezaba a comprender que no era necesario ser increíblemente listo y, ciertamente, no tenía que estar libre de errores, para cuidar y ser compasivo. Por supuesto, seguía queriendo ser muy bueno en mi trabajo, hacer los diagnósticos correctos y recetar los mejores tratamientos para mis pacientes. Sin embargo, ahora estaba descubriendo que había otras cosas que también eran importantes. Cuando Rose me abrazó en la iglesia y me dio las gracias por mi amabilidad, experimenté algo de esta otra dimensión más humana del hecho de curar. Durante el resto de mi período como interno, todavía me sentí ansioso a menudo, dormí mal y, a veces, casi me tambaleaba por el cansancio. Pero nunca más quise abandonar la medicina.

Al terminar mi año de internado tuve una agradable sorpresa: de los veinticuatro internos de mi división de Bellevue, fui uno de los doce escogidos para cursar el primer año de residencia en este hospital. Ahora tendría mayor responsabilidad en el cuidado de los pacientes y también tendría que supervisar a dos o tres nuevos internos.

Sorprendentemente, ahora sería su «Ken», la presencia calmada y competente para los jóvenes internos que estarían tan verdes y asustados como yo mismo en el pasado. Tuve el honor de saber que el doctor Scherr había tomado la decisión de invitarme a entrar en la residencia. Aparentemente, me había estado supervisando todo el año.

La verdad era que, hacia el final de mi internado, me había empezado a sentir un médico de verdad. En aquel momento, me sentía razonablemente seguro y competente, capaz de manejar la mayoría de los problemas habituales y ávido por aprender los más complejos. No podía llegar a decir que amaba Bellevue: se parecía demasiado a un campo de batalla al que aproximarse sin ambivalencia. Pero junto con mis «compinches de guerra», había sobrevivido a la parte más extenuante de toda mi carrera médica. Y estaba orgulloso de ello.

Mi siguiente encuentro con Lawrence Sherr tuvo lugar hace pocos años. Más o menos, treinta y cinco años después de aquel internado a prueba de fuego, supe que estaba en el Hospital Universitario de North Shore en Long Island, donde nuestro hijo Marc trabajaba entonces como cirujano pediátrico. Yo no tenía ni idea de si el doctor Scherr me recordaría. Sin embargo, durante una visita a Long Island para ver a Marc y su familia, llamé al consultorio de mi antiguo jefe y pedí hora para verlo.

El consultorio del doctor Scherr en North Shore era distinto del que yo recordaba en Bellevue. Era incluso mayor y más impresionante, con un sofá de cuero largo colocado debajo de un ventanal, acompañado de una hermosa alfombra persa. Y sonreí al ver que los estantes de libros iban desde el suelo hasta el techo… y que sólo conocía una pequeña parte de su contenido. El doctor Scherr estaba a punto de jubilarse, tenía menos pelo que antes y, el poco que tenía, era blanco. Ahora bien, mantenía su porte imponente, casi majestuoso, y aquella manera de mirar que me hacía pensar que sabía exactamente lo que yo estaba pensando.

Resultó que se acordaba de mí, aun cuando hubiesen transcurrido todos aquellos años. Cuando me preguntó qué había estado haciendo desde nuestra época en Bellevue, le expliqué que había ejercido como médico durante casi cuatro satisfactorias décadas. Parecía el momento apropiado, de modo que recordé a Larry Scherr lo que había hecho por mí tantos años atrás, cuando entré en su despacho desesperado, desmoralizado y decidido a abandonar mi carrera como médico. Mientras yo le describía el encuentro, toda mi vida dedicada a la medicina me pasó por la mente como un destello: los millares de pacientes que había tenido el privilegio de tratar, los artículos y libros que había escrito, que tal vez hubieran ayudado a otros médicos, y las sencillas satisfacciones diarias por hacer algo que fuera de utilidad a los demás. La verdad era que si no hubiera sido por el caballero alto y digno que tenía frente a mí, no hubiera experimentado nada de eso.

El doctor Scherr me confesó que no recordaba el incidente. Le dije que eso no importaba.

–Lo que pasa es que nunca se lo agradecí –le dije–, y tenía necesidad de hacerlo.

No se me ocurrió ninguna otra forma de decirlo; en realidad, no existían más palabras para expresar la plenitud de mis sentimientos en ese momento. Simplemente, le extendí la mano, que estrechó con fuerza. Luego, mientras me daba la vuelta para marcharme, movió la cabeza, un gesto de agradecimiento silencioso que fue tan fugaz que casi se me escapó. Casi.

* * *

Desde mi internado en Bellevue bajo la dirección del doctor Scherr, él ha sido un icono en la formación médica de fama nacional. Ha incidido en la carrera de, literalmente, millares de estudiantes de medicina y residentes. Al mirar hacia atrás, me doy cuenta de que aquel día fatídico en su despacho, su confianza en mí quedó explícita cuando dijo: «Mira, sé que puedes hacerlo. Simplemente, hazlo lo mejor que puedas. Ahora, da media vuelta y continua trabajando». Estas palabras me dieron suficiente seguridad en mí mismo como para continuar y «cubrir toda la distancia». Hoy todavía estoy agradecido a Larry Scherr por lo que hizo.

Lecciones de dolor

Llaneros solitarios

Me gustan los caballos desde siempre. Cuando tenía diez años, vivía con mi familia en un edificio de seis pisos en el Bronx, y cada domingo por la mañana subía a un autobús que me llevaba hasta Pelma Bay Park, a cinco kilómetros; allí había establos con caballos, daban clases de equitación y se podía montar. Llegué a un acuerdo con el propietario: durante la mañana limpiaría el estiércol de los establos a cambio de cabalgar durante una hora. Por mi parte, era un buen negocio. Al mediodía, cogía un caballo y paseaba por el parque, no como el pequeño Larry Levitt, sino como un cowboy de carne y hueso, un vaquero del salvaje oeste, dueño del cielo, el viento y el aire que le rodeaba. Mientras trotaba y galopaba por el parque, dejando atrás las ardillas, los conejos y los venados, imaginaba que el magnífico corcel era mío. Nunca nadie me enseñó a montar. De algún modo, ya sabía.

Años más tarde, cuando me mudé a Allentown para vivir y trabajar, seguía cabalgando siempre que tenía ocasión. Pocas personas entendían mi pasión. Pensaban que era bonito que tuviera una afición, pero nadie sabía realmente cómo llegaba a ser de pura e intensa la felicidad que sentía cuando estaba sobre un caballo. Hasta que conocí a Frank. Era un cardiólogo de mi hospital, alto y delgado, que gesticulaba mucho cuando hablaba para transmitir su entusiasmo. Una tarde en la cafetería, cuando le expliqué mi paseo a caballo del último fin de semana, empezó a hacer aspavientos por el local. ¡También cabalgaba!

–Los caballos –me dijo– tienen un modo de comprenderte mejor que muchas personas.

A menudo éramos compañeros de paseo.

Todos los sábados que podíamos, Frank y yo cabalgábamos juntos por el coto de caza del estado, que estaba cerca; eran unos 20 kilómetros cuadrados de colinas onduladas cubiertas de flores multicolores y arroyos llenos de truchas moteadas, una zona repleta de caminos y senderos que se cruzan. En aquella época ya tenía mi propio caballo, un grácil Tennessee marrón claro que se llamaba Star. El caballo de Frank, Rocky, era un hermoso semental negro. Íbamos por los senderos y, a menudo, subíamos hasta la cima de la colina más elevada, desde donde podíamos contemplar todo el valle, verde exuberante en primavera y verano, una mezcla de tonos castaños en otoño y un gris plateado suave en invierno. Independientemente de la estación, cuando descansábamos con nuestros caballos en la cima de la colina, me sentía colmado de gratitud y de una tranquila felicidad. Frank parecía experimentar la misma sensación de pacífico sobrecogimiento. A veces, se giraba hacia mí y me decía, sencillamente:

–No hay nada mejor que esto.

Cabalgando, Frank y yo nos fuimos conociendo poco a poco. Los dos procedíamos de familias de trabajadores, y hablábamos de ellas, no sólo de nuestras esposas y nuestros hijos, sino también de nuestros padres, a quienes ambos nos sentíamos muy próximos. Él estaba especialmente unido a su madre, que le había enseñado –principalmente mediante el ejemplo, repetía siempre– el gran valor de la relación con los demás, por encima de la posesión de bienes materiales. A Frank también le gustaba hablar de su abuelo, porque le había enseñado el valor de trabajar duro y apreciar los placeres sencillos de la vida. A medida que conversábamos y compartíamos recuerdos durante nuestros paseos, me quedó la impresión de que se trataba de una persona que percibía y disfrutaba de las cosas importantes en la vida: la familia, la naturaleza y la amistad.

También supe que Frank había estado muy preocupado. Durante un paseo por el parque cercano al hospital, me explicó su época en Vietnam, donde había sido médico de caballería. Había perdido a varios compañeros en 'Nam, según me contó, mientras que otros habían quedado malheridos. En ocasiones, había participado en misiones peligrosas, como cuando estuvo en una aldea donde los guerrilleros del Vietcong se habían refugiado. Mientras cabalgábamos junto al río, me explicó cómo su grupo había capturado e interrogado a algunos guerrilleros. Cuando se negaron a hablar, uno de sus compañeros del ejército desenfundó la pistola y disparó a uno de los prisioneros en la cabeza.

–Después de eso, los demás confesaron –me dijo Frank en voz baja.

Me explicó que a veces tenía pesadillas en relación con este asunto, y le noté excepcionalmente intranquilo durante lo que quedaba de paseo.

No me sorprendía que Frank estuviese profundamente afectado por aquella experiencia. Era un hombre amable con un sentido de familia amplio y generoso, que iba mucho más allá de los lazos de sangre. Su madre me explicó (¡él nunca me lo hubiera dicho!) que cuando algunos de sus administrativos se enfrentaban a problemas financieros, a menudo los ayudaba. Cuando cuidó de una mujer con una enfermedad cardíaca grave que, según sabía, apenas podía pagar sus facturas, la trató y pagó un viaje a Disney World para su familia. Una vez, cuando mi suegra Olga tenía palpitaciones, Frank fue a su casa y la visitó allí. El propio Frank me explicaba a menudo cómo llegaba a disfrutar con su trabajo, sobre todo cuánto le fascinaba crear un entorno en que los pacientes y el personal se sintieran por igual como una comunidad verdadera.

Por tanto, no estaba preparado para el comienzo del sistema de compañías de seguros y el modo en que empezaron a erosionar esas relaciones. Frank y sus socios del equipo de cardiología fueron perdiendo más y más tiempo con asuntos burocráticos para obtener permisos de las aseguradoras, y a dedicar menos atención a los pacientes hasta que, al final, los socios de Frank le propusieron que vendiera la clínica a una aseguradora que se encargara de todas las cuestiones administrativas y permitiera que los médicos volvieran a ejercer su profesión. Pero a Frank le preocupaban determinados aspectos de la oferta de la compañía, que parecían grandes promesas, pero poco concretas. Recuerdo que, durante una de nuestras salidas, Frank me dijo:

–Me parece demasiado bonito para ser verdad.

Pero sus socios le hicieron perder la votación y la clínica fue vendida.

Sabía que Frank no quería vender, pero siempre que yo trataba de sacar el tema, él cambiaba rápidamente de asunto. La mayor parte del tiempo, mientras cabalgábamos juntos por los terrenos de caza del estado y otros parques, seguía proyectando una imagen de bienestar y seguridad. Parecía estar incansablemente interesado en mí y en mi vida –mi trabajo, mis hijos, mis viajes con Eva o los libros que estaba escribiendo–. Yo lo entretenía con anécdotas y chistes; él, a su vez, fantaseaba con una casa de veraneo que pensaba comprarse cerca de allí, en los montes Pocono.

–Eva y tú podréis venir los fines de semana –me prometió–. Cabalgar y pasear por allí, te volverá loco.

De repente, un sábado por la mañana, mientras íbamos por una cañada suave, admirando una planta de frailecillos, un pájaro voló bajo y rápido frente a Rocky, el semental de Frank. Con un resoplido asustado, Rocky se alzó sobre sus patas traseras mientras Frank agarraba las riendas con fuerza e intentaba mantenerse en la silla. Pero sucedió algo que nunca olvidaré. Cuando el caballo se calmó, vi a Frank bajar del lomo de Rocky airado y gritando: «¡Maldito caballo!». A continuación, con toda su fuerza, dio un puñetazo en el cuello de su hermoso animal.

Rocky se quedó inmóvil y luego, poco a poco, miró a su dueño, parpadeando. Yo también me quedé mirando a mi amigo. ¿Qué diablos estaba pasando?

Antes de que pudiera preguntar nada, Frank empezó a menear la cabeza, reprochándose.

–No sé qué me ha sucedido –dijo, suspirando, mientras acariciaba el lomo de Rocky y volvía a montarlo–. Lo siento, muchacho –le oí murmurar mientras dirigía a Rocky fuera de la cañada galopando a tanta velocidad que Star y yo tuvimos que echar a correr para alcanzarlos.

Poco después del incidente, Frank se ausentó relativamente de mi vida. Durante los meses siguientes, le llamé varias veces por si quería salir a cabalgar, pero no me devolvía las llamadas. Cuando le veía en el hospital, siempre decía «¡Eh, hola!» y levantaba la mano dibujando una gran ola, pero ya no se detenía en el pasillo para charlar. Me preguntaba si había dicho o había hecho alguna cosa que le hubiese podido ofender. O quizá no. Quizá sólo necesitara un respiro. ¿Quién sabía? Decidí no preocuparme por ello. Al fin y al cabo, éramos viejos amigos. Si Frank quería hablar, todo lo que tenía que hacer era llamarme. Sabía que me iba encontrar y que le prestaría atención.

Una tarde, estaba explorando a un paciente en mi consultorio y la enfermera sacó la cabeza para que me acercara.

–Llamada urgente –murmuró.

Pedí disculpas al paciente y descolgué el teléfono del consultorio. Era Hal Peters, jefe médico. Recuerdo que pensé: «¿Por qué tiene que llamarme Hal?».

–Larry –dijo, y después se produjo un breve silencio–. Tengo una mala noticia. Anoche Frank Galway se suicidó.

Me quedé sin palabras. Tenía que estar equivocado. No. ¡Frank no! Pensativo, me quedé negando con la cabeza mientras todavía tenía el receptor en la oreja. Empezaron a temblarme las rodillas y me apoyé en la pared que tenía al lado para no caerme.

Pero Hal no se había equivocado. Me explicó que a primera hora de la mañana habían encontrado el cuerpo de Hal en el río Lehigh. Dejó su Volvo verde oscuro estacionado cerca del puente con una carta garabateada apresuradamente en la parte de atrás de una factura del mecánico.

–Lo siento –me dijo Hal–. Sé que erais muy buenos amigos.

* * *

Se hizo un homenaje en su memoria en el hospital; acudieron centenares de colegas que llenaron el auditorio para recordar a Frank y reconfortar a su esposa y sus cuatro hijos. También vinieron miembros del Veterans of Foreign Wars uniformados, como guardia de honor especial; bajaron en formación por el pasillo central y regalaron una bandera estadounidense a la esposa de Frank. Muchas personas se levantaron y hablaron sobre la rara devoción que Frank tenía por sus pacientes, colegas, amigos y familiares. Finalmente, un médico se levantó, miró a los asistentes y dijo:

–Bueno, ya sabéis, si Frank decidió que quería largarse, tenía todo el derecho de hacerlo.

El comentario me cayó como un puñetazo en el estómago. «¡No!», protesté en silencio. Si Frank quería «largarse», alguno de sus buenos amigos –por ejemplo, yo mismo– tendría que haber detectado su depresión, la tendría que haber percibido de un modo u otro y tendría que haber intentado ayudarle. Me había pasado toda la semana entre el aturdimiento por una pena intensa y duros reproches contra mí mismo. ¿Por qué no me había fijado en la creciente desesperación de mi amigo? Traté de recordar todas las pistas que ahora parecían demasiado obvias: su malestar por la venta de la clínica de cardiología, los rumores que había escuchado sobre sus disputas con el hospital, su progresivo alejamiento de los amigos... Reflexioné sobre sus experiencias en Vietnam, el modo en que las atribuí a «cosas de la guerra» cuando, en realidad, era posible que Frank siempre hubiese padecido estrés postraumático.

Reviví de una manera especial nuestro último paseo a caballo juntos, cuando Frank golpeó a Rocky en el cuello lleno de ira. ¿Cómo había sido posible que hubiera pasado por alto algo así? Frank estaba loco por ese animal, lo quería como si fuera alguien de su familia. Tras aquel incidente, cuando no atendía mis llamadas, debería haber ido hasta su casa e insistir para hablar con él. Debería haberme preguntado qué significaba realmente aquel puñetazo. ¿Era un síntoma de la rabia que acompaña a menudo la depresión severa? ¿Estaba enojado porque, no sólo no podía controlar la venta de su clínica, sino que ni siquiera era capaz de controlar a su propio caballo? ¿Acaso había otros problemas conyugales o familiares que yo desconocía? *¿Y por qué, Frank, tras años de íntima amistad, me evita como si fuera la tiña?* Pero no hice nada de todo eso. Lo que hice fue decirme a mí mismo que Frank «hace las cosas a su manera». Me había convencido de que volvería a ponerse en contacto conmigo «cuando estuviera a punto».

¿Por qué Frank tuvo que morir? El hospital trató de responder a esta pregunta iniciando una serie de reuniones con el personal para discutir el problema de la depresión no diagnosticada y el suicidio en la profesión médica. Un psiquiatra que vino a darnos una conferencia nos explicó que la depresión entre los médicos puede ser especialmente difícil de detectar porque a menudo respondemos trabajando todavía más, en un intento desesperado de mantener la autoestima y darle un sentido a la vida. También aprendimos que los médicos tienen mayor probabilidad de quitarse la vida que otros profesionales, quizá por la extraordinaria presión para parecer competentes y capaces de llevar la carga, algo que fácilmente puede traducirse en la sensación de que no podemos pedir ayuda a otros. También descubrimos que es más probable que una persona se suicide cuando se combinan preocupaciones en varios flancos (por ejemplo, familiares, profesionales, económicas y de salud); es imprescindible que la intervención tenga lugar antes de llegar al punto crítico.

Pero yo tenía otra corazonada sobre el suicidio entre los médicos –o, por lo menos, entre los médicos varones–. Desde que era adolescente, había observado que los chicos no tienen demasiada confianza, especialmente entre ellos. De algún modo, acercarse a un amigo para explicarle un problema era un signo de debilidad, de necesidad vergonzosa. Recuerdo cómo una vez, un vecino mío me había explicado su intención de divorciarse e, inmediatamente, se excusó una y otra vez por «aburrirme». Pensé en otro amigo que tenía una enfermedad grave, pero que con gran educación rechazó que hablara con él sobre lo que le sucedía y el modo de ayudarle. Volví otra vez a Frank; su madre me explicó que, durante los últimos meses, los fines de semana se había pasado horas y horas en la parte trasera de su casa, sentado bebiendo Pepsi. Era como si todos los muchachos que yo conocía se esforzasen por seguir el mismo código masculino no escrito: Parecer fuertes. No mostrar ninguna vulnerabilidad. Caminar solos.

«No podemos sobrevivir así», pensé.

Convoqué una reunión extraordinaria del equipo de neurología, que en aquel momento constaba de cinco médicos.

–Frank no tenía que haber muerto –empecé, mirando a cada uno de mis colegas, sentados en círculo–. Murió porque no encontró a nadie, pero también porque ninguno de nosotros, en el hospital, *lo* encontramos –no tenía tiempo para endulzar la conversación.

–Los médicos de su comunidad le fallamos –agregó mi colega Peter.

Los demás asintieron. Proseguí, con tono tranquilo:

–Mirad, no podemos hacer que Frank regrese. Pero quizá sí podemos ayudarnos los unos a los otros. Nos vemos cada día. Podemos intentar asegurarnos de que algo así no nos suceda a ninguno de nosotros.

Aquella tarde prometimos que nos preocuparíamos los de los otros como nunca habíamos hecho antes. Prometimos que estaríamos más atentos a los signos de tristeza o de preocupación de los demás –tanto los signos sutiles como los más aparentes–. Si pensábamos que alguno de nosotros podía estar preocupado, aunque no estuviésemos absolutamente seguros de ello, hablaríamos con él para tratar de descubrir si había algo que iba mal, y persuadirlo para que buscara ayuda. A partir de unos cuantos artículos que compartimos, descubrimos que la depresión es una enfermedad que se puede tratar bien, y que es posible evitar el 85% de los suicidios si somos capaces de prescribir tratamiento y psicoterapia a tiempo. Nos prometimos: «Nunca más».

Aún tenía dudas. Parecía un plan estupendo, pero su éxito dependía de la voluntad de un grupo de médicos con demasiado éxito y mucha apariencia para ser sinceros el uno con el otro. No era un reto pequeño. Sabía que tendría que romper alguno de mis propios hábitos de responder de manera refleja negando y con reticencia: la parte de mí a la que no le gusta causar problemas, la que no quiere ser un inconveniente para los demás con sus problemas, la que preferiría explicar un buen chiste antes que enfrentarse a un compañero. No me había enfrentado a Frank cuando él necesitaba que lo hiciera. ¿Lo haría mejor en el futuro? ¿Podría?

Nuestras vidas volvieron al ajetreo habitual, y yo coloqué esta promesa en la azotea de mi cerebro mientras hacía malabarismos con mis responsabilidades familiares, el trabajo, los viajes y los compromisos como voluntario. Me entregué de lleno a un proyecto para escribir un libro de texto de neurología y empecé a pasar horas y horas escribiendo los capítulos después de trabajar y durante los fines de semana. Eva y yo tuvimos otro nieto. Viajamos a Turquía y coordinamos una misión a Israel. Era una vida plena y buena.

En medio de este barullo, tardé un poco en percibir que Michael, otro amigo mío que era internista del hospital, parecía algo más distraído de lo habitual. Desde hacía mucho tiempo, los dos teníamos la costumbre de coincidir una vez a la semana en una cafetería cercana para comer un pastelito danés, ponernos al día y discutir casos que tuvieran que ver con nuestras dos especialidades. Todavía nos veíamos, pero empecé a percibir alguna diferencia. Michael parecía algo desconectado: no indispuesto, pero sí como ausente, como si estuviera cavilando otras cosas.

«De acuerdo –pensé–, probablemente yo también parezco algo distraído, con todos mis compromisos.» Esperaba que los otros me tranquilizaran, de modo que también tenía que tranquilizarlo un poco a él, pero no quería reaccionar exageradamente.

Sin embargo, a medida que pasaban las semanas, Michael parecía cada vez más alejado de sí mismo. Seguía acudiendo a nuestra cita, pero dejó de sacar temas de conversación. Esto contrastaba mucho con su manera de ser, extrovertida e interesada, a punto para charlar de cualquier tema y sobre lo que fuera. Ahora, comía su pastelito danés y apenas hablaba. También parecía otro. Todavía iba bien vestido y perfectamente peinado, pero sus ojos habían perdido el brillo. Incluso peor, cuando hablaba, casi no me miraba a los ojos. Miraba a un punto lejano, detrás de mi cabeza.

En el siguiente encuentro, decidí que necesitaba un poco más de diversión. Michael siempre había sido un oyente extraordinario para mi humor de estilo comediante, y recompensaba mis esfuerzos con grandes carcajadas. De modo que empecé a contarle los mejores chistes recientes, acompañados de expresiones faciales, gestos y, si puedo decirlo así, un *tempo* perfecto. Pero Michael se limitó a sonreír educadamente.

Le miré.

–¿Te pasa algo, Michael?

–Nada –me respondió, arqueando la boca para esbozar una sonrisa.

Tomé aire.

–Hace mucho tiempo que nos conocemos, Michael –le dije–. *Sé* que algo va mal. Por favor, dímelo.

–Quizás otro día –comentó mientras miraba el reloj de su muñeca–. Ahora tengo que marcharme. Reunión de departamento.

Mientras trataba de pensar qué decir, se levantó y salió de la cafetería.

La semana siguiente le esperé en nuestro rincón habitual. No vino.

En aquel momento, se encendió una alarma en mi interior. Me dirigí a la puerta y regresé deprisa al hospital, entré en el ascensor y subí directo hasta el despacho de Michael. Estaba ocupado con un paciente. Me senté en la sala de espera, hojeando un número atrasado de la revista *Time*. Cuando el paciente salió, entré yo.

–Larry –me dijo, enormemente sorprendido de verme en la puerta de su despacho, y no especialmente contento con la sorpresa. Percibí cómo reunía fuerzas para hablar conmigo–. ¿Puedo hacer algo por ti? –me preguntó con cierta aprensión.

–Mira, Michael –empecé a decirle, sin tener la más mínima idea de cómo tenía que continuar–. Sé que algo va mal. He observado cómo has cambiado. Siempre has sido una persona optimista, llena de energía. Y ahora parece que apenas te puedes levantar de la silla. Tengo que saber qué te pasa –insistí, y mientras veía cómo empezaba a mover la cabeza para despedirme, vi el rostro de Frank–. Y no pienso aceptar un «no» por respuesta –le dije.

Michael bajó la mirada hacia su escritorio durante un buen rato. Finalmente, levantó los ojos y me miró.

–No sé dónde está el problema –balbuceó con voz cansada–. No puedo dormir, apenas como y me siento mal a todas horas.

–¿A qué lo atribuyes? –le pregunté mientras me sentaba en la silla que tenía frente a su mesa.

Encogió los hombros.

–Elige tú mismo –dijo muy serio.

Entonces, me explicó que la grave enfermedad crónica de su esposa había empezado a empeorar, probablemente de una manera definitiva. Me explicó con medias palabras que seguramente no viviría demasiado tiempo. Luego estaba su hija de trece años que había empezado a salir con chicos sin ninguna precaución y estaba probando el alcohol y la marihuana. Y también estaban los problemas del trabajo, una serie de conflictos administrativos que eran demasiado deprimentes hasta para describirlos. Suspiró profundamente.

–Es difícil de explicar –comentó–. Me despierto por la mañana y no encuentro ni una sola razón para salir de la cama. Sólo hay oscuridad y pesadumbre. En realidad, incluso me duele físicamente. Es…

Entonces, se calló, volvió a espirar y, con un esfuerzo, se levantó.

–Pero seguramente saldré de eso –dijo vagamente–. No te preocupes –añadió con una sonrisa forzada.

Moví la cabeza.

–Michael, quiero llamar a Scott –le respondí. Era el jefe de psiquiatría del hospital.

Michael se alarmó.

–Mira, Larry, ya hablaré con él, te lo prometo. Pero ahora no es el mejor momento...

–No –respondí con firmeza–. Quiero llamarle ahora. –Y descolgué el teléfono que había sobre la mesa de Michael–. ¿De acuerdo?

Cuando Michael asintió sin ánimo, marqué el número de Scott. Por suerte, descolgó el teléfono. Cuando le resumí la situación, respondió sin dudar: «Venid inmediatamente».

Cancelamos nuestras citas de aquella tarde, y Michael y yo entramos en mi coche y fuimos hasta el otro edificio del hospital donde estaba la consulta de Scott, a unos cuatro kilómetros de distancia. Por el camino, Michael estaba sentado totalmente deprimido; su rostro parecía una máscara. No dijo nada. Me pregunté si habría sido demasiado agresivo al decir aquello de «No aceptaré un "no" por respuesta» o al haber cogido el teléfono para llamar a Scott. Quizás *hubiese* salido adelante sin mi intervención. Pero quizá no. No podía jugármela con la esperanza de obtener un mejor resultado.

Michael pasó una hora en el consultorio de Scott. Cuando salió, me levanté de la silla en la sala de espera, sin saber demasiado bien qué decir ni qué hacer. Pero Michael vino hacia mí con los brazos abiertos.

–Gracias –murmuró mientras me abrazaba.

Cuando nos separamos, los dos teníamos lágrimas en los ojos.

Después de ese episodio, Michael empezó a visitar a Scott dos veces por semana para seguir la psicoterapia y comenzó a tomar antidepresivos. También visitó a un psicólogo clínico que le proporcionó algunos consejos de sentido común sobre cómo manejar mejor los numerosos problemas de su complicado día a día. No hubo ningún momento-milagro en el que las cosas empezaran a cambiar. Sin embargo, observé que mi amigo gradualmente volvía a ser el mismo de antes, con aquella sonrisa genuina de placer, no la de dentífrico. Me pidió que volviéramos a instaurar nuestras «charlas de cafetería» y, cuando estábamos juntos, me preguntaba sobre mí, mi familia, mi último paseo a caballo, mientras nos comíamos el pastelito danés. Y cuando le explicaba chistes, sus carcajadas volvían a ser auténticas.

* * *

Mirando hacia atrás, veo esta crisis y la conexión que forjamos a causa de ella, como el comienzo de nuestra verdadera amistad. Antes, Michael y yo éramos colegas que nos preocupábamos el uno por el otro, pero raramente hablábamos de lo que nos importaba de verdad –sobre todo, de las cosas dolorosas de la vida–. Ahora, lo compartimos todo, los chistes y las penas, los grandes triunfos y los retos inacabados. Me ha explicado cómo convivir con la enfermedad de su esposa y me ha hablado de la esperanza de que su hija, a quien ahora cuida y aconseja, se aferre de nuevo a la vida. Por mi parte, yo le explico muchos de mis problemas, que antes escondía detrás de un chiste, especialmente algunos de los retos a los que se enfrentaban mis hijos mayores, incluso Adam, mi hijo discapacitado. Nos escuchamos el uno al otro, nos comprendemos el uno al otro. Nos sostenemos el uno al otro.

No fue hasta hace muy poco tiempo, mientras hablaba conmigo en mi consultorio, que Michael me explicó algo que sospechaba, aunque nunca había tenido la certeza.

–Cuando viniste a mi consultorio y te enfrentaste conmigo –me explicó–, no sólo estaba deprimido. Estaba pensando en suicidarme. En realidad, tenía un plan. Estaba a punto. Si no hubieras venido cuando lo hiciste –prosiguió–, habría seguido los pasos de Frank.

Me quedé sin palabras. Pero no pasaba nada. En realidad, no había nada que decir. A continuación, Michael y yo bajamos juntos a la cafetería del hospital, con su mano sobre mi hombro. Era la hora de comer y ambos teníamos hambre.

El muchacho con cuerpo de gigante

El hombre sentado frente a mí me estaba explicando algo que parecía una posesión diabólica. Agachado y con el rostro hinchado, con la cabeza rapada y un *piercing* en el labio y otro en la lengua, irradiaba una especie de amenaza triste y surreal.

–De vez en cuando –dijo con una voz monótona y apagada–, Satanás me obliga a hacer cosas terribles.

Nueve años atrás, el hombre había saltado desde el cercano puente de la calle Hamilton y había caído en un coma profundo; sólo se recuperó gracias a la moderna traumatología. Más recientemente, había puesto un cuchillo en el cuello de una enfermera y le había hecho un corte antes de dejar que se marchara, con una hemorragia grave, pero todavía con vida.

Estábamos en la unidad de aislamiento del Centro de Enfermedades de la Conducta del hospital Lehigh Valley, donde las enfermedades psicológicas se mezclaban con las neurológicas. Sólo algunos minutos antes, mientras me encontraba en el control de enfermería protegido por cristales, esperando a los guardias que me escoltarían hasta la habitación aislada de aquel hombre, contemplaba algunas de las almas perdidas confinadas en aquella sala. Me fijé en una muchacha joven con brazaletes de cicatrices violáceas en las muñecas, consecuencia de los cortes que se había hecho con hojas de afeitar. Me miró fijamente, con los ojos muy abiertos e inexpresivos, con la parte blanca rodeándole las pupilas bajo las pestañas. Cerca de ella, una mujer anciana se movía adelante y atrás en su mecedora, mientras iba repitiendo: «¡Dejadme marchar, dejadme marchar, dejadme marchar!». Al final del corredor, un hombre de mediana edad jugaba con insistencia con los botones de su pijama hasta que, de repente, casi sin importarle, los arrancaba y los tiraba al suelo. Me dedicó una mirada breve y curiosa y, a continuación, empezó a deambular indiferente por la sala, completamente desnudo de cintura para abajo. No parecía que nadie se hubiera dado cuenta.

Luego, cuando los dos corpulentos guardias de seguridad llegaron para acompañarme a la zona de aislamiento, me di cuenta de que no me sentía nada intimidado por el caos que me rodeaba, ni me intimidaba mi siguiente tarea, que consistía en hablar con un hombre potencialmente peligroso y trastornado. Comprendía las graves enfermedades mentales que conducían a las personas a ese rincón tumultuoso del hospital Lehigh Valley, y sabía algo sobre el modo de tratarlas. En el caso del hombre que se creía poseído por el diablo, el psiquiatra me había llamado a su celda para valorar si podría aguantar la terapia electroconvulsiva (TEC), un último recurso que consiste en aplicar electricidad a gran voltaje por el cráneo hacia el cerebro, para inducir una convulsión generalizada bajo condiciones controladas que, a veces, pueden revertir una depresión tenaz de larga duración.

Le consulté al paciente más detalles sobre su decisión de saltar del puente de la calle Hamilton.

–Cuando saltó del puente, ¿intentaba suicidarse? –le pregunté, directo.

–Naturalmente –dijo entre sueños.

–Entonces, ¿por qué no saltó del puente de la calle 8? –le presioné–. Ese puente tiene 300 metros de altura y nadie ha sobrevivido después de saltar desde allí.

–Satanás me dijo que fuera al puente de la calle Hamilton –replicó con la voz absolutamente calmada–. Debe de tener mejores planes para mí.

Mientras el hombre continuaba describiéndome varios de sus episodios violentos y depresivos (parecía que sentía una especie de placer hipnótico con los detalles de cada historia), no me podía quitar de la cabeza la idea de que se parecía mucho al tío Fester de la serie de televisión *La familia Adams*, que solía ver cuando era pequeño. Pero aquel hombre no estaba imitando a ningún personaje bueno de la televisión. Detrás de él, en la pared de su celda, leí las palabras «enfermera, muere, puta» y «Cristo = Satanás» escrito en letras negras. Decidí ir directo al grano y le hablé de la TEC.

Justo en aquel momento, mi buscapersonas empezó a vibrar. Cuando lo acerqué para mirar el número, reconocí que era una llamada de mi consultorio. Salí de la habitación aislada y regresé al pasillo para devolver la llamada a Terry, mi secretaria.

–Doctor Castaldo, acabamos de recibir una llamada urgente del entrenador Peterson, de la Parkhurst High School –me explicó–. Dice que tiene que hablar con usted inmediatamente.

–No conozco al entrenador Peterson –le respondí algo desconcertado–. ¿Dijo de qué quería hablar?

–No, sólo que era extremadamente importante. ¿Quiere que le ponga en contacto con él?

–Sí –repliqué, mientras me preguntaba si las necesidades del entrenador Peterson realmente serían más urgentes que las del hombre poseído. Pero no quería ninguna segunda opinión, de manera que marqué el número rápidamente y escuché el tono.

–Despacho de Atletismo. Habla el entrenador Peterson.

–Sí, soy el doctor Castaldo del hospital Lehigh Valley, le llamaba porque…

–Sí, sí, doctor Castaldo, tengo que hablar con usted –su voz sonaba tensa y grave–. ¿Sigue el fútbol universitario? –quería saber.

Estaba impaciente y desorientado. ¿Eso era una llamada urgente? Me sentía más seguro en la celda de aislamiento que ahora, tratando de jugar a los acertijos con un extraño.

–No señor, confieso que no.

–Bien, si lo hiciera, conocería el nombre de Bobby Parker, uno de los mayores defensores de línea que ha tenido el fútbol universitario.

–¿Se refiere a Bobby Parker de Harrisonville, el hijo de Rick y Margie?

–¡Exacto! El mismo.

Me apareció la imagen de un muchacho fornido y alegre ante los ojos.

–Solía jugar con mi hijo Mark, cuando estaban en la escuela primaria –recordé–, y su familia va a nuestra iglesia. Por tanto, sí, sé a quién se refiere.

–Perfecto, pues vayamos al grano, doctor Castaldo. Voy a mandar a Bobby para que le haga una exploración neurológica. En el último mes se ha dado dos porrazos en la cocorota, ya sabe doctor, que le han dado dos golpes muy fuertes en la cabeza y quedó tan atontado que tuvo que salir un rato del campo. Las normas dicen que cuando esto sucede, tiene que visitarlo un neurólogo. –Y, entonces, el entrenador bajó un poco la voz–: Pero entre usted y yo, doctor, no creo que le pase nada.

–De acuerdo –respondí tratando de descifrar qué sucedía.

El entrenador parecía haber percibido mi confusión.

–Mire, la Parkhurst High School encabeza el campeonato de fútbol de este año –explicó–. Dependemos totalmente de Bobby Parker. Es un *fenómeno*.

Cuando vio que no respondía enseguida, se aclaró la voz.

–Ahora bien, naturalmente, no quiero jugar en absoluto con la salud del muchacho –prosiguió–. Sólo quería decirle que se trata más de un formalismo que de un problema real, y no veo ninguna razón por la que el chico no pueda continuar jugando a pelota.

Ya tenía suficiente.

–Visitaré a Bobby con detenimiento y tendré en cuenta su preocupación –le dije, tratando de no ser demasiado cortés–. Adiós.

Colgué, terminé la valoración del enfermo psiquiátrico satánico, y regresé a mi despacho para escribir algunos informes. Allí, sobre mi mesa, vi una nota escrita a mano por mi secretaria: «Rick y Margie Parker han telefoneado. ¿Puede llamarles hoy?». «Más urgencias», pensé, y esperé hasta las 5 de la tarde para devolverles la llamada. Rick descolgó enseguida y pidió a su esposa que se pusiera en la otra línea.

–Hola John –dijo Rick con un tono jovial como si fuera el mejor de mis amigos.

–Hola, ¿todo bien? –preguntó su esposa desde el otro teléfono.

–Estamos muy contentos de saber que visitarás a Bobby –continuó Rick–. En tu consultorio le dieron cita para la semana próxima, pero nos gustaría que lo vieras mañana.

–¡Dios mío! –respondí inmediatamente–. ¿No está bien?

–¡Que va! Todo lo contrario –replicó Rick. De nuevo, volvía a sentirme confuso. Entonces, ¿a qué venía esa llamada urgente?–. Bobby es una pieza clave en el equipo de fútbol de Parkhurst, y la semana próxima tienen un partido muy importante. Quiere volver al campo tan pronto como sea posible, y me parece que esta exploración neurológica es puro formalismo, una de esas normas del atletismo universitario.

Volvía a salir esa palabra: «formalismo». No estaba acostumbrado a visitar pacientes por formalismo, sobre todo de manera urgente. La conversación cada vez me parecía más extravagante.

–Naturalmente, no quisiéramos que le ocurriese nada malo a nuestro hijo –me aseguró Margie.

–Para nosotros es lo más importante del mundo, pero el fútbol es lo más importante del mundo para él –prosiguió Rick con una voz que dejaba entrever su orgullo–. ¿Sabes? Tiene una beca para estudiar en Notre Dame o en una de las ligas Ivy.

Sin embargo, a mí no me interesaban nada los proyectos de Bobby Parker.

–¿Podríais explicarme qué le pasó en la cabeza? –pregunté con un tono algo impaciente.

Rick dudó un instante.

–Verás, este mes le dieron un buen golpe durante un entrenamiento y vio las estrellas durante unos segundos –confesó–. Y luego, en un partido, le volvieron a golpear. Te puedes imaginar que todo el mundo va a por él porque saben que si le bloquean, pueden ganar.

–¿Ha habido algún otro incidente en el que le golpeasen la cabeza con fuerza suficiente para obligarlo a abandonar el campo? –pregunté.

–Bueno, quizás en una sesión doble –reconoció Rick–, pero me parece que se deshidrató y probablemente perdió el conocimiento por agotamiento debido al calor.

–¿De modo que me estáis diciendo que Bobby quizás haya recibido tres traumatismos en la cabeza en el último mes jugando a fútbol?

–Bueno, eso es lo que preocupa a la gente, pero no creo que se tratara de traumatismos *reales* –respondió Rick, poniéndose a la defensiva–. Ya sabes que yo jugué en mi universidad y a cada momento me daban porrazos sin ninguna consecuencia.

Entonces, recordé que había querido ser un centrocampista estrella en un equipo de fútbol de Pensilvania.

–Pero queremos lo mejor para nuestro hijo –intervino Margie. Sin embargo, Rick estaba decidido a decir la última palabra–. Incluso pensamos que tendrías que saber que nos parece que aquí en casa está bien y que no tiene ningún comportamiento extraño que indique algún tipo de lesión de los nervios.

–De acuerdo. Me parece que ya me he hecho una idea de lo que sucede. Gracias por llamar –dije bruscamente, con las mismas ganas de terminar de una vez esa corta conversación que las que había tenido de cortar al entrenador unas horas antes–. Visitaré a Bobby mañana durante la hora comer, y entonces hablaremos con calma.

Las llamadas eran raras y me molestaron bastante. Por un lado, los adultos que rodeaban la vida de Bobby me aseguraban que estaban intentando ayudarle; por el otro, me preocupaba su interés en manipular mi opinión, sobre todo frente a la alta probabilidad de que Bobby Parker hubiese padecido múltiples traumatismos en muy poco tiempo. Aquella tarde, entre visita y visita, busqué en mis archivos y saqué un artículo publicado unos años atrás, en un número del *Journal of the American Medical Association* (JAMA) de 1984. En aquel artículo, los autores Saunders y Harbaugh acuñaron la expresión «el síndrome del segundo impacto», que alertaba por primera vez del peligro que suponían las lesiones traumáticas de repetición en la cabeza. El artículo incluía la descripción del caso de un jugador de fútbol de la universidad de Cornell que murió en el campo durante el partido Dartmouth-Cornell en el otoño de 1978. Recordaba bien los detalles porque aquel día aciago yo era el residente que estaba en la puerta de urgencias recibiendo a los enfermos.

Era un muchacho joven y muy buen atleta. Tenía diecinueve años y ya era la estrella de la defensa del equipo de Cornell. Pero, unas noches antes del gran partido, había estado bebiendo cerveza en un bar y empezó a pelearse a puñetazos con otro atleta. Según los testimonios, recibió un puñetazo en la cabeza y perdió brevemente el conocimiento cuando alguien le volvió a golpear. Tres días después de este traumatismo aparentemente «menor», el joven atleta dijo que tenía dolor de cabeza, pero sus entrenadores le hicieron jugar. El cuarto día después de las lesiones, mientras bloqueaba un jugador en el partido Dartmouth-Cornell, chocó con su oponente casco contra casco, en lo que parecía ser una de las colisiones habituales entre jugadores.

El jugador de Dartmouth salió por su pie del campo, lesionado. Pero cuando el jugador de Cornell se levantó para salir del terreno de juego, caminó titubeando, como si estuviera borracho. Enseguida, apenas llegó a la línea de fuera, cayó desplomado. Mientras la ambulancia le conducía al hospital, el médico informó al equipo de urgencias: «Coma profundo sin respuesta con pupilas fijas y dilatadas». El muchacho dejó de respirar espontáneamente y le ayudaron con un fuelle ambú colocado sobre el rostro. Yo estaba en el otro extremo de aquella llamada y no podía dar crédito a mis oídos. Antes de eso, había visto lesiones en terrenos de juego, pero la mayoría eran ligamentos rotos, rodillas y tobillos destrozados, hombros dislocados, bazos fracturados y todo eso. También había visto muchos traumatismos, pero raramente lesiones cerebrales graves.

Cuando llegó a urgencias, valoré el estado neurológico del paciente. Un estudiante de la Liga Ivy de atletismo, sano, había recibido un golpe moderado en la cabeza y ahora mostraba signos de lesión cerebral grave. Un TAC inmediato mostró que el cerebro estaba muy hinchado como si, en lugar de otro atleta en el campo, hubiera chocado con un camión Mack de dieciocho ruedas. Llamamos a neurocirugía, e inmediatamente llevaron al joven al quirófano, donde le retiraron la parte superior del cráneo para dejar que el cerebro se hinchara sin ningún impedimento. Y, efectivamente, sin trabas, su cerebro pudo expandirse. En la unidad de cuidados intensivos, le colocaron una gasa estéril húmeda sobre el cerebro pulsátil con la esperanza de que el edema remitiera y, de este modo, se recuperara. Pero pocos días más tarde, aquel joven prometedor fue declarado en estado de muerte cerebral y se detuvo el tratamiento paliativo.

Durante mucho tiempo, nadie comprendió qué le había sucedido a este desafortunado atleta. Hasta que Saunders y Harbaugh describieron el caso para ilustrar cómo una lesión cerebral menor podía tener un desenlace inesperado y desastroso. Cuando un atleta acumula *múltiples* traumatismos en poco tiempo, escribieron en su artículo de referencia en el JAMA, existe un riesgo mayor de que aumente de manera súbita la presión intracraneal, que puede evolucionar hacia un edema cerebral grave y, a veces, mortal. Cuando el atleta de Cornell se dio un cabezazo con su oponente, sufrió su segundo impacto en pocos días, y precisamente fue el efecto acumulativo de estos dos traumatismos craneales lo que le causó la muerte. Muchos creen que fue esta alerta publicada en el JAMA lo que condujo a los cambios en la normativa del fútbol en todo el país, que obligan a llevar a cabo una valoración neurológica de cualquier atleta joven que haya tenido un traumatismo craneal, precisamente para prevenir tragedias futuras.

El problema era que Saunders y Harbaugh nunca especificaron *cómo* podían los atletas impedir que apareciesen lesiones craneales graves, si no era evitando más traumatismos durante un tiempo; en otras palabras, abandonando temporalmente la práctica del deporte. Y no sólo los muchachos, sus padres y sus entrenadores se resistían a hacerlo a menudo, sino que todavía había bastante confusión y mucho desconocimiento del fenómeno del traumatismo. No había definiciones médicas de traumatismo aceptadas universalmente, ni había consenso sobre el modo en que se producía el daño. Muchos neurólogos creían que se debía a una lesión que provocaba una extensión excesiva del cuello y, por tanto, desencadenaba un estrés enorme sobre el tronco cerebral, la estructura fundamental para el mantenimiento de las funciones vitales esenciales. Varios estudios demostraron que los animales podían sobrevivir a una fuerza tremenda sobre la cabeza y el cuello si estaban firmemente sujetos, pero, en cambio, perdían rápidamente la conciencia cuando una fuerza menor se aplicaba sobre el cráneo con el cuello no sujeto. Aunque el atleta de Cornell que traté hubiera tenido un cuello tremendamente fuerte. Y lo mismo pasaba con el atleta Bobby Parker, a quien pronto exploraría de manera formal, en honor al puro formulismo.

Al día siguiente visité a Bobby por primera vez desde que estaba en primaria. Lo recordaba como un niño grande para su edad, con manos y pies enormes, y una tendencia a la torpeza que era normal para la etapa de crecimiento en la que se encontraba. Ahora Bobby Parker tenía dieciséis años, era un adolescente que estaba en el instituto y, cuando lo vi, me encontré con un gigante que entraba en mi consultorio. Con dos metros y cinco centímetros de altura, y 120 kilos, era puro músculo. Tenía la enorme cabeza afeitada por los lados y algo más de pelo en la parte superior, al estilo militar. Su amplio rostro tenía barba de dos días y un grueso bigote de Fu Manchú que le enroscaba el labio superior y le provocaba una mueca perpetua.

Por debajo del cuello, el cuerpo de Bobby era una enorme pieza escultórica. Tenía los brazos gruesos, quizá tan grandes como los muslos de la mayoría de las muchachas adolescentes, con los bíceps cruzados por venas azules que serpenteaban. Los muslos tenían el grosor de un tronco de árbol; los músculos delimitaban el cuádriceps como si Miguel Ángel los hubiera cincelado en mármol blanco. Aunque intenté no mirar, por lo que recuerdo, no había ninguna traza de grasa subcutánea en el cuerpo del chico.

Los padres de Bobby entraron despreocupados detrás de él en el consultorio.

–Aquí lo tienes, John –me anunció Rick–. Encantado de que puedas echar un vistazo a nuestro hijo, porque ya sabes que todos queremos lo mejor para él.

De nuevo, oí la historia del padre de Bobby sobre los golpes «sin importancia» en la cabeza, que sonaban excesivamente ensayadas. Lo que sabía con certeza era que en aquella temporada en concreto a Bobby lo habían ayudado a salir del campo por lo menos en tres ocasiones, todas ellas durante el último mes. Cada vez le habían golpeado la cabeza con fuerza suficiente como para dejarlo temporalmente fuera de combate. Me parecía, por tanto, que podía haber sufrido tres traumatismos, pero su padre insistía que «sólo se quedó aturdido», o quizá «sólo estaba deshidratado» y «se desvaneció». Sus padres me aseguraron que su rendimiento escolar continuaba siendo bueno. En este punto, pedí a Rick y a Margie que salieran del consultorio para poder preguntarle algunas cosas al muchacho sin la influencia de sus padres.

Cuando me quedé solo con Bobby, no pude dejar de observar que el consultorio y su mobiliario parecían miniaturas a su lado, como si él fuera una gran muñeca en una diminuta casa de muñecas. De repente, yo mismo me sentí pequeño: a pesar de medir 1,83 metros y pesar 90 kilos, me di cuenta de que nunca me había sentido tan pequeño. Mirando a Bobby y sus dieciséis años, percibí que podría cogerme fácilmente, partirme en dos y echarse las piezas al hombro con una sola mano. No sólo intimidaba. Era mortal.

Como un rompehielos, le pregunté a Bobby si le gustaba jugar a fútbol, pensando que la respuesta sería, probablemente, que sí. Imaginé que no podría sino saborear la oportunidad de exhibir grandes hazañas de fuerza en el campo, donde debía demoler a los jugadores que osaban acercársele demasiado.

–Soy bueno –replicó lacónico. Lo dijo con una voz plana y desinteresada.

–Pero salvas los partidos… –lo animé.

–Soy uno de los mejores centrales de la liga –me explicó–. Estoy esperando que me den una beca para futbolistas en la universidad. Tengo que jugar –me dijo con una voz monótona, como si saliera de una caverna.

–Buen cepillo –aventuré, refiriéndome a su bigote. Por un momento, pensé que estaba viendo a Fu Manchú esbozando media sonrisa.

Me rendí.

–¿Qué sucedió en el campo este mes, Bobby? –le pregunté con amabilidad.

–¡No ocurrió *nada*! –saltó. En un instante sus músculos se habían contraído y levantó los hombros como si estuviera a punto de propinarme un puñetazo que me habría arrancado la cabeza.

–Está bien, Bob. Y la gente, ¿qué dice que sucedió?

–No lo sé, y tampoco me importa –espetó. Me clavó los ojos un momento, pero enseguida desplazó la mirada hacia algún punto que estaba por encima de mi hombro derecho.

–Me llamó tu entrenador y hablé con tu papá y tu mamá; ellos sólo desean lo mejor para ti, igual que yo, Bobby –lo estuve mirando hasta que, a regañadientes, cruzó su mirada con la mía–. Deberías saber que algunos chicos sufren lesiones muy graves si empiezan a jugar inmediatamente después de un traumatismo. He visto algún atleta fuerte morir en el campo por un golpecito de nada.

Me miró impasible. Dejé que el silencio se paseara por la habitación, sin interrumpirlo, esperando pacientemente su respuesta. Pero como buen jugador que era, esperaba mi movimiento.

–Hay quien afirma que te diste algunos cabezazos, quizás hubo alguna contusión y que te costó levantarte –le dije–. ¿Qué piensas de todo eso?

–¡Es mentira! –saltó Bobby, a la defensiva–. Nunca tuve problemas para levantarme después de un choque en un partido. Fue durante un entrenamiento, y sólo porque bajé la guardia y recibí un golpe a traición por el costado.

–¡Ah, bien! ¿Y qué pasó, exactamente?

Percibí el enorme esfuerzo que tenía que hacer Bobby sólo para hablarme.

–En verano hacemos doble sesión de entrenamiento –empezó a explicarme, en una voz apenas audible y lejana, que parecía un soliloquio, como si estuviera tratando de recordar algo muy lejano en el tiempo–. Estuvimos unas cuantas horas bajo un sol abrasador. Empecé a discutir con uno de los compañeros de equipo durante una pausa, y decidió ponerse de acuerdo con otro compañero para tratar de lesionarme en el juego siguiente –ahora su voz empezaba a tener un poco de energía–. De modo que uno me golpeó por la izquierda mientras que el otro chocó con el casco por la derecha y me desmayé durante un minuto. Fue *totalmente* ilegal y *totalmente* sucio.

Ahora la voz de Bobby parecía la del adolescente que era: se podía adivinar el tono petulante de su voz.

–Entonces, ¿cuánto tiempo estuviste fuera de combate? –pregunté sin darle demasiada importancia.

–¡Nunca *dije* que estuviera fuera de combate! –me quedé sorprendido, no tanto por las palabras de Bobby, como por el abrupto cambio de expresión de su rostro: pasó de una irritación normal a una furia intensa, con los labios apretados. Incluso parecía que le costase respirar.

Asentí como si fuera una conversación absolutamente placentera.

–Y el entrenador, ¿te quitó del siguiente juego?

–Creo que sí –dijo de repente–. Me tuvo en el banquillo durante lo que quedaba de entrenamiento.

–¿Y tuviste dolor de cabeza o algún problema para recordar los juegos, después del golpe?

Se produjo un silencio.

–No lo sé –admitió finalmente.

Tomé nota de este detalle y cambié de asunto.

–Hablemos de los partidos –sugerí–. ¿Qué pasó allí?

–Bueno, en uno de ellos me hicieron papilla la cabeza –admitió Bobby–. Creo que después del juego empecé a hacer cosas extrañas, porque el entrenador me sacó del campo un rato. ¡Pero no me desmayé! –volvió a insistir.

–¿Te dolió la cabeza? –pregunté inocentemente.

–*Siempre* tengo dolor de cabeza cuando juego a fútbol –dijo entre dientes–. Mi padre dice que eso es totalmente normal.

Tomé alguna nota más.

–¿Y el otro juego en el que te diste un buen porrazo? –le pregunté.

–Fue el partido de Melrose –dijo cubriéndose un poco el rostro con las manos, como si quisiera olvidar este partido–. Subía a bloquear desde atrás, y tres jugadores vinieron a por mí a la vez. Lo siguiente que recuerdo es estar sentado en el banquillo. Pero no creo que realmente perdiera la conciencia porque me levanté justo después del juego. Creo que estuve tan mal y tan abatido en el tercer tiempo que durante un rato bloqueé cualquier recuerdo –dudó un momento–. Bueno, eso es lo que dice mi padre.

Ya no tenía más preguntas sobre los golpes en la cabeza. A continuación, le hice una exploración neurológica minuciosa, que superó de maravilla. No había ningún signo de pérdida de memoria, ni dificultades en el habla, el raciocinio o el juicio; tampoco había debilidad en las extremidades ni aturdimiento. Los reflejos eran normales. Lo máximo que podía afirmar era que lo más anormal en Bobby Parker era su estado emocional: me pareció enojado o profundamente deprimido; quizá las dos cosas. Durante toda nuestra charla, su rostro se asemejaba a una máscara inexpresiva, excepto cuando mostró esos destellos de rabia. Mientras bajaba de la camilla de exploración, mantuvo la mirada fija en el suelo y murmuró, a nadie en particular:

–Todo este rollo de la exploración es una pérdida de tiempo.

Pero no podía dejarle marchar antes de tocar un último tema.

–Eres muy musculoso. ¿Haces pesas a menudo?

–Cuatro horas al día, dos por la mañana antes de ir a la escuela y dos por la noche, después del entrenamiento –suspiró profundamente, pero de un modo casi imperceptible–. Por lo menos eso intento, porque al parecer mi padre piensa que lo necesito.

–Eso son muchas pesas –dije–. ¿Por qué piensas que tu padre quiere que levantes muchas más pesas que el entrenador Peterson?

Bobby encogió los hombros.

–Me parece que tiene muchos planes para mí –respondió; luego, el silenció volvió a reinar unos instantes. Después, estiró los hombros y volvió a flexionar los bíceps–. ¿Sabe una cosa? Soy el defensa más significativo y más fuerte de Valley.

Le sonreí.

–No, no lo eres, Bob. Simplemente, eres el chico alegre que solía jugar a ser el «rey de la colina» con mi hijo Mark hace algunos años. ¡Y ahora, sencillamente, eres más musculoso!

Antes de que Bobby pudiera detenerse, me dedicó una sonrisa amplia mostrándome la dentadura y vi que sus ojos brillaron. Sólo por un instante, en el espacio que había entre los dos dientes delanteros, vi al niño en el cuerpo de un hombre gigante.

–Mark y yo pasábamos buenos momentos –dijo, asintiendo con la cabeza, pero no me preguntó qué hacía mi hijo.

–¿Y cómo te va en la escuela? –aventuré.

–Fantástico –musitó dándose la vuelta. Nuestro momento de conexión ya se había terminado.

–O sea, que eres un estudiante de notables y sobresalientes... –pregunté con amabilidad.

–¡Que va! Apenas de aprobados. Pero eso ya es suficiente para una beca como jugador de fútbol –ahora hablaba a la ventana.

Dejé a Bob solo en la consulta para que se vistiera. Con su permiso, fui a ver a sus padres de nuevo en mi despacho.

–Parece que todo está bien –les expliqué–, pero estoy especialmente preocupado por lo que llamamos el síndrome del segundo impacto.

Les describí el síndrome y les hablé del caso del muchacho de Cornell que había visto muchos años atrás en el servicio de urgencias de Dartmouth. Al padre de Bobby aquello no parecía afectarle.

–Todo lo que puedo decir es que soy incapaz de contar todos los porrazos en el coco que me he dado, y aquí estoy, tan tranquilo –dijo, encogiendo los hombros–. Bobby se pondrá bien. Lo único que necesita es salir y jugar a pelota.

Su esposa arrugó la frente y se retorció en la silla, pero sin decir nada. Les expliqué que quería hacer algunas pruebas más y tener tiempo para pensar qué era lo mejor para Bobby.

–Lo que usted diga, doctor –admitió Rick, seco.

Entonces, cambié de tema: la gran masa muscular de Bobby.

–Rick, Margie, está claro que Bobby tiene un tamaño corporal y una fuerza extraordinarias para su edad –empecé–. ¿Toma algún tipo de suplementos? Concretamente, ¿toma algún compuesto hormonal?

De repente, Margie cobró vida.

–¡No, doctor Castaldo! –me aseguró con una sonrisa radiante–. Lo que pasa es que Bob es simplemente grande por parte de mi familia. ¡Ya sabe, soy de Montana y allí crecemos bastante!

–Nada de eso, John –la apoyó amablemente Rick–. Se ha limitado a tomar algunos batidos con creatinina y concentrados de proteínas, ya sabes, lo habitual, esas cosas totalmente seguras que venden sin receta y que algunas personas creen que proporcionan una ayudita a los deportistas. Pero nada ilegal.

Pensé que esos dos estaban a punto. Tenía que ir directo al grano.

–¿Nada de hormona del crecimiento o esteroides?

–Bueno, nunca tomó esteroides anabolizantes –respondió Rick con cuidado.

«Ya basta de jugar con las definiciones», pensé con impaciencia.

–O sea, que si hago un análisis para detectar drogas a Bobby, ¿no tendréis ninguna objeción? –pregunté.

Rick se enderezó sobre la silla.

–Bien, en este momento, no creo que *eso* sea ninguna urgencia, John –dijo, con el tono de voz algo nervioso–. Ya sabes que Bobby está aquí por eso del traumatismo, no para hacerse un análisis para detectar drogas –se pasó la mano por la cabeza, como si se peinara–. Mira, lo cierto es que toma dehidroepiandrostenediona (DHEA) de manera habitual, supervisado por su médico de cabecera. Pero bueno, hoy en día eso lo hace cualquier crío que se tome en serio lo del fútbol.

–La DHEA es un esteroide que puede convertirse en testosterona –dije–. Puede provocar crecimiento anormal de los músculos y los huesos, agitación, agresividad y otros efectos secundarios –los miré fijamente–. ¿Cuánto tiempo hace que la está tomando?

–Tendrías que preguntárselo a él –la voz de Rick se volvió desafiadora, y Margie estaba retorciendo el pañuelo sobre la falda.

Regresé al consultorio donde estaba Bobby y le pregunté expresamente sobre los esteroides.

–¡No tomo esteroides anabolizantes! –espetó, con el rostro enrojecido y los músculos del cuello marcados, en tensión.

–Tu padre me ha explicado que en algún momento los tomaste –dije, mientras hacía ver que colocaba mis instrumentos de exploración neurológica en un estante.

–Pues no recuerdo nada de eso –zanjó.

–Está bien. Pero si en algún momento hubieses tomado DHEA, ¿cuánto hubieras tomado al día, hablando hipotéticamente, claro, no para nada en especial, sólo para saber mejor qué cantidad toman realmente algunos atletas que están en tu situación?

–Doscientos miligramos al día –respondió Bobby sin dudarlo.

Con esta respuesta di por terminada mi exploración. Sabía que cualquier dosis por encima de 25 miligramos probablemente estaba más allá de los límites de seguridad para aquel esteroide, aun cuando pudiera comprarse sin receta. También sabía que el uso de esteroides no era el motivo por el que Bobby había venido a visitarme. En este momento, tenía que concentrarme en el estado del cerebro de Bobby Parker.

Realizar un TAC o una resonancia magnética cerebrales se consideraba una práctica estándar para cualquier jugador que hubiera sufrido pérdida de conciencia durante un partido. Pedí que hicieran ambos exámenes a Bobby, y los dos resultaron ser perfectamente normales. Pero incluso a pesar de estos «buenos» resultados, la decisión sobre si dejar que Bobby continuara jugando era agónica. Mi revisión de los estudios publicados confirmó lo que ya sabía: que no había una definición de traumatismo craneal universalmente aceptada. La fuente en la que más confío es la Academia Americana de Neurología (AAN); ésta definía como traumatismo de grado I aquel en el que un jugador no pierde la conciencia y los síntomas desaparecen en menos de quince minutos. Un traumatismo de grado II no se asocia a pérdida de conciencia, pero los síntomas como confusión, mareo o náuseas persisten más de quince minutos. Un traumatismo de grado III produce pérdida de conciencia. La AAN sugería que los jugadores con traumatismo de grado I podrían volver a jugar inmediatamente, mientras que los jugadores con una contusión de grado II podrían volver a jugar una semana después y los que tenían una contusión de grado III sólo podrían volver a jugar al cabo de dos semanas.

Lo que no quedaba claro a partir de los datos publicados era cuándo dejar en el banquillo a un atleta que se encontraba en la situación de Bobby: un atleta que muy probablemente había sufrido *múltiples* traumatismos. Un autor opinaba que después de que un atleta hubiese recibido tres contusiones en una temporada, parecía «apropiado» sentarse con el atleta y sus padres para discutir el riesgo potencial que suponía padecer lesiones cerebrales permanentes y tener en cuenta la amenaza para el futuro del jugador. ¿Pero durante cuánto tiempo debía dejar de jugar? ¿Una semana? ¿Un mes? ¿El resto de la temporada? Me tocaba a mí calcular los riesgos que suponían lesiones graves adicionales y llamarles a razón.

Después de volver a conversar con Bobby, sus padres y el entrenador, llegué a la conclusión de que los riesgos eran significativos y saqué al Gran Bobby de sus entrenamientos durante cuatro semanas. Le permití que volviera a jugar de nuevo en la última parte de la temporada, siempre y cuando utilizara un equipo especial diseñado para protegerle mejor la cabeza. Sin embargo, mi decisión fue muy impopular, todos defendían su necesidad y su sabiduría, especialmente porque forcé que Bobby se perdiese tres partidos importantes. Cité a Bobby para hacerle una visita de seguimiento, pero nunca vino. En mi papel de médico, nunca volví a visitar a la familia.

Este caso continúa entristeciéndome mucho. Me hubiera gustado haber librado a Bobby Parker, no sólo de los riesgos para su salud, sino también de las cadenas que el deporte había puesto a su cuerpo y su espíritu. Me hubiera gustado haberlo librado de las expectativas de su padre, de su entrenador y de los ciudadanos que, a millares, lo seguían en sus juegos, no tanto para verle jugar, como para verle *ganar*. Desde que le visité, nunca tuve la sensación de que el fútbol fuese la verdadera pasión de Bobby, sino sólo la de los adultos que habían invertido en su éxito. Me pareció inquietantemente desapasionado y distante; quizás ése hubiese tenido que haber sido mi estímulo para lanzarme a detener aquella locura.

Mi pensamiento vuelve hacia el hombre deprimido, esquizofrénico y alucinado, y a las demás expresiones de locura que había visto en la Unidad de Salud Conductual el día en que el entrenador de Bobby me llamó. Mientras las personas a quienes visitaba en aquella unidad habían tenido alguna conducta extraña, estaban salvajemente torturados o tenían alucinaciones demoníacas, su tipo particular de locura no me intimidaba porque reconocía las enfermedades subyacentes y porque un conocimiento sólido y bien establecido me guiaba en su tratamiento.

Sin embargo, los problemas de Bobby surgían de un tipo de locura totalmente distinta. No era la víctima de ninguna alucinación, sino de demonios socioculturales reales que exigen a simples niños unas exhibiciones brillantes –incluso perfectas–. Para estas criaturas, equivocarse no es una opción posible, puesto que el error significa el desconcierto lacerante de los adultos, quizás, incluso, el abandono emocional, y estos chicos lo saben muy bien.

Este tipo de locura –una locura social totalmente aceptada que está en los campos de juego de todo el país– no se diagnostica y, por tanto, es muy difícil de tratar.

Cuando vi a Bobby en mi consultorio tantos años atrás, de algún modo sabía que no sería capaz de salvarle de las garras de estos diablos gigantescos, ni tan siquiera de posibles lesiones físicas futuras. En el fondo de mi corazón hubiese querido descalificar a Bobby para que no pudiera jugar más durante el resto de la temporada. Pero sabía que había muchísimos médicos en la ciudad que, si les hubieran pedido una segunda opinión, inmediatamente hubieran devuelto a Bobby al terreno de juego. Había un sentido de inevitabilidad frente a la prueba y a su resultado, que me hacía sentir literalmente enfermo. Me habían contratado para hacer un trabajo, para certificar que el muchacho podía jugar. El cuerpo y el talento de Bobby Parker eran demasiado valiosos para que un neurólogo sin más pasara por encima de ellos. Ahora sé qué querían decir el entrenador y el padre de Bobby cuando hablaron de que necesitaban una consulta urgente, pero que sólo se trataba de un formalismo.

Cuando visité a Bobby, todavía era un médico joven; quizás hiciera menos de ocho años que ejercía en Allentown. Desde entonces, he aprendido a estar más atento a los mejores intereses de mis pacientes. He dado de baja a muchos atletas jóvenes para que no pudieran jugar debido a contusiones recurrentes, y me siento feliz de poder afirmar que la mayoría de mis decisiones han contado con la bendición tanto de los padres como del atleta. Pero también he continuado encontrándome padres que son seudoabogados de sus hijos, y cuando estoy frente a ellos intento por todos los medios ocuparme del bienestar de esos muchachos, que no pueden hablar por ellos mismos, debido tanto al lavado de cerebro del deporte, como a la gran ansiedad que sienten por complacer a sus padres. Me ha costado mucho tiempo reconocer mi propia negación, así como reconocer que algunos padres, por asombroso que parezca, desean sacrificar la salud y el bienestar de sus propios hijos por algo que imaginan que es un bien superior. Es realmente terrible ser testigo de eso, pero he aprendido a no dar media vuelta frente a situaciones de este tipo.

¿Qué le sucedió a Bobby Parker? Después de regresar al terreno de juego aquella temporada, su equipo ganó el campeonato estatal de fútbol. Durante su temporada en el equipo senior, Bobby ganó la Football All Star del año y se graduó con una beca para el prestigioso instituto de la Ivy League, donde desempeñó un buen papel durante su primer año. Los titulares del periódico de la ciudad lo aclamaron como héroe del deporte local, y su madre, su padre y su entrenador no pudieron estar más orgullosos.

* * *

Han pasado más de quince años desde la última vez que hablé con este joven problemático y con talento. Ignoro qué está haciendo ahora o cómo le van las cosas. Lo que más me preocupa de los escasos momentos que pasé en presencia de Bobby Parker –ese chiquillo con los dientes separados que vivía en el cuerpo de un gigante– fue el profundo vacío que percibí en él. Aunque trataba de hacer lo mejor para su bienestar físico, también requería un elemento de curación espiritual y emocional. No parecía haber ninguna rendija para ello, pero tal vez no haya puesto el suficiente empeño en abrir una. Aún hoy, tantos años después, a veces me siento transportado a aquel consultorio donde visité a Bobby y me senté cara a cara con él; y pienso: quizás, entre los silencios de nuestro difícil encuentro, perdí la oportunidad de marcar un punto de inflexión en la vida de Bobby Parker.

Nota del autor

Los estadounidenses padecen por lo menos 300.000 lesiones cerebrales causadas por el deporte cada año. De éstas, se estima que 250.000 están relacionadas con el fútbol. (Probablemente, se trate de una infraestimación, porque la mayor parte de las contusiones de grado I y II no se notifican.) En un estudio de 3.060 jugadores de fútbol universitario, un 19% dijo que había perdido la conciencia o que había quedado aturdido por lo menos una vez durante la temporada anterior. Por desgracia, a pesar de que los cascos modernos protegen de una manera más eficaz a los jugadores de las lesiones cerebrales, los atletas son más aptos para utilizar sus cabezas y sus cascos como armas, lo que se traduce en un riesgo mayor de traumatismos y de lesiones en la médula espinal.

En 1998, Mark McGwire y Sammy Sosa, quizá dos de los mayores jugadores de béisbol, fueron investigados por el Congreso por utilizar fármacos para mejorar su desempeño durante sus carreras profesionales. Las sustancias que tomaban no eran ilegales, pero de cualquier modo alteraban sus récords. Se trataba de creatinina y androstenediona. Como la DHEA, la androstenediona no es un esteroide anabolizante, pero también se convierte en testosterona, un esteroide anabolizante que rápidamente produce masa muscular en los hombres y tiene graves consecuencias clínicas. Desde que la Dietary Supplement and Health Education Act de 1994 sacó estas sustancias del amparo de la Food and Drug Administration (FDA), prácticamente no existe ninguna restricción para su uso. En 2005, mientras escribo esto, la FDA está considerando quitar la DHEA de los estantes de los supermercados y convertirla en un medicamento de venta exclusivamente con receta.

El amor cura

Enfrentarme al dragón

Todavía recuerdo mi primer encuentro con Fran, una paciente con esclerosis múltiple, por la profunda sensación de desamparo que llenaba el consultorio. No suya, sino mía. Cuando nos encontramos durante la primera visita, Fran exudaba un buen humor tranquilo, aun cuando luchaba por no perder el equilibrio mientras me daba la mano. Pequeña y elegante, con un halo de rizos negros que le enmarcaban el rostro, no perdió el tiempo y fue al grano.

–Doctor Levitt –me dijo–, tengo EM y confío en que pueda ayudarme.

–Haré todo lo que pueda –le respondí. Pero, viéndola, sentí una sensación de vacío en el estómago.

Era a comienzos de la década de 1970, un momento en el que se estaban haciendo avances importantes en numerosas enfermedades cerebrales graves, incluyendo la epilepsia y el accidente vascular cerebral. Sin embargo, todavía no disponíamos de un posible tratamiento eficaz para la esclerosis múltiple. Las personas jóvenes que debutaban con esta enfermedad –las víctimas habituales de la EM–, iban perdiendo progresivamente la fuerza, el equilibrio, la vista y la vitalidad a causa de la enfermedad, y sólo les podíamos ofrecer medicamentos paliativos. Yo me había hecho médico para curar a las personas, y ver cómo Fran, con sus treinta y tres años, me miraba con esperanza manifiesta, me llenó de tristeza y de un agudo sentimiento de impotencia.

La exploración de Fran me reveló que tenía alteraciones visuales, dificultad en la marcha y unos reflejos anormalmente vivos. Los tres son síntomas clásicos de EM, una enfermedad inflamatoria grave en la que el sistema inmunitario ataca la vaina de mielina que recubre los nervios del cerebro y de la médula espinal, lo que, a su vez, altera numerosas funciones corporales. A Fran le habían diagnosticado por primera vez la enfermedad a los veinticinco años, pero recientemente se había mudado a la ciudad y la mutua la había remitido a mi consulta.

–Quiero que me ayude a vivir una vida lo más normal posible –me pidió.

A continuación, me detalló sus prioridades más importantes: poder atender a su marido y sus dos hijas, continuar realizando sus actividades en la comunidad como voluntaria, seguir disfrutando de algunos viajes y poder salir. Me quedé impresionado porque sabía que, entre otras molestias, la EM podía producir fatiga muy intensa. Sin embargo, estaba claro que Fran no era la típica paciente con EM. En la primera visita ya percibí que no se iba a amoldar a una vida limitada... por lo menos, no sin luchar antes.

Pese a todo ello, el único tratamiento que le podía ofrecer en aquel tiempo eran corticoides, que reducían el curso de las crisis de EM, pero que no podían detener en absoluto la evolución de la enfermedad. Fui franco con ella sobre los límites del tratamiento, pero Fran no parecía desanimada. No obstante, durante los meses siguientes vi cómo su enfermedad empeoraba de manera perceptible. Cada vez que la visitaba, su deambulación era un poco más inestable; su fatiga, más intensa, y sus episodios de visión borrosa o de visión doble, cada vez más frecuentes. Al cabo de seis meses, necesitaba mi ayuda para levantarse de la camilla.

–Muy bien, doctor –me decía siempre al terminar la consulta–. Es la hora del chiste.

Me encanta contar chistes, y parece que a ella le gustaba escucharlos, de manera que acostumbrábamos a terminar las visitas riéndonos.

Entre una visita y la siguiente, Fran se obligaba a participar en una lista de actividades. Estaba especialmente animada con su labor como voluntaria en Hadassah, una organización benéfica que apoya a un hospital de Jerusalén. A pesar de su enfermedad, ejercía funciones de presidenta de los socios y, más tarde, ejerció de presidenta local. Lo que más estimulaba a Fran de ese proyecto era que el hospital trataba tanto a israelíes como a árabes sin distinción. Veía su cometido como la verdadera curación, tanto médica como espiritual.

–Confío en poder visitar ese lugar algún día –me explicó con sus ojos castaños brillando– y ver el trabajo maravilloso que están llevando a cabo, especialmente con los niños.

Las propias hijas de Fran eran una extraordinaria fuente de orgullo y placer para ella. Me mostraba fotografías de sus dos hijas, Nancy, de ocho años, y Karen, de diez, y me explicaba cuánto había disfrutado asistiendo a sus espectáculos de danza, cosiendo vestidos para sus fiestas de disfraces en la escuela, e incluso, durante un tiempo, siendo la asistente de la jefa de la brigada Brownie Troop. Cuando le pregunté cómo era capaz de mantener esa paz tan llena de energía, se quedó un momento en silencio.

–Mis hijas me necesitan –dijo al fin, con las lágrimas humedeciéndole los ojos–. Todavía son pequeñas. Tengo que estar allí por ellas.

Fran no tenía ni idea de la gravedad con la que iba a probarse ese compromiso. Incluso, mientras continuaba luchando con sus propias dificultades físicas, Nancy, su hija menor, empezó a quejarse de dolores de cabeza y visión borrosa.

–Mamá –le dijo–, ¿cómo es posible que todo se vuelva tan borroso?

Inquieta, Fran llevó a Nancy al oftalmólogo y, después, a un neurólogo pediatra; ninguno de ellos pudo descubrir la causa de los preocupantes síntomas de Nancy. El oftalmólogo le explicó a Fran que probablemente eran «sólo nervios», quitando importancia al «problema de peso» de Nancy, puesto que la muchacha había aumentado diez kilos en los últimos meses.

–Lo que necesitan tanto usted como su hija es regresar a casa y relajarse –les aconsejó con una sonrisa de benevolencia.

Fran estaba enfadadísima.

–No soy ninguna madre neurótica –replicó–, ni se trata de ninguna reacción de estrés –su voz se volvió de acero–, y si usted no es capaz de ir hasta el fondo de este problema, yo sí voy a ir.

Pasando por alto su propia fatiga creciente, llevó a Nancy a un hospital oftalmológico de Filadelfia con fama nacional; estaba segura de que allí, por fin, le darían un diagnóstico y un tratamiento eficaz. En lugar de eso, el médico de ese centro trató de corregir la visión cada vez más deteriorada de Nancy con unas gafas nuevas. Fran me llamó.

–Lo necesito de verdad –me dijo con una voz que sonaba totalmente desesperada–. Por favor, doctor, no deje que nuestra hija se quede ciega.

La mañana siguiente, cuando visité a Nancy, una niña gordita que se quejaba de dolor de cabeza, también me pasó por la mente la posibilidad de que se tratara de una reacción de estrés. Pero mucho tiempo atrás había aprendido que sólo puede considerarse que la causa de un síntoma es psicológica tras descartar las posibilidades orgánicas o «reales». Entonces, mientras exploraba a Nancy, hubo algo que me llamó la atención: la combinación de aumento de peso súbito, dolores de cabeza y pérdida de visión; eso sugería la posibilidad de una enfermedad llamada «hipertensión craneal benigna», que consiste en un exceso de líquido cefalorraquídeo que comprime el cerebro y la médula espinal, provocando cefaleas y apretando el nervio óptico. Por motivos que todavía no se comprenden demasiado bien, la enfermedad se asocia a aumento de peso, sobre todo en niñas y mujeres.

Cuando varias pruebas, incluso una punción medular, confirmaron mis sospechas, empecé a tratar a Nancy con medicamentos que reducen la producción de ese líquido. Poco a poco, las cefaleas y los problemas visuales de Nancy fueron disminuyendo hasta desaparecer. Tras la última visita a Nancy, Fran me abrazó.

–Gracias por ayudarnos, y por creer que se trataba de un problema real –susurró.

Mientras la abrazaba, dije con voz tranquilizadora:

–Es una buena madre. Removió cielo y tierra por su hija, y yo sé lo que ello ha significado para usted.

Era verdad. Durante los meses siguientes a la crisis de Nancy, los síntomas de EM de Fran rebrotaron. Sin embargo, se mantenía optimista porque estaba muy animada esperando hacer un viaje a Israel el invierno siguiente junto con otros socios jóvenes de Hadassah. Iban a visitar el hospital de Jerusalén y hablar con los médicos y los pacientes del centro, y regresarían a Estados Unidos con noticias del proyecto, con la esperanza de obtener más apoyo financiero para esta misión.

–¡No puedo esperar! –me explicó–, estoy segura de que me sentiré mejor.

Pero cuando llegó el invierno, Fran todavía tenía problemas para andar y para mantener el equilibrio; además, sentía mucha debilidad en los brazos. Siguió esperando la remisión, pero su enfermedad la ahogaba cada vez más. Tuvo que cancelar el viaje en el último minuto. Se encerró en el dormitorio, donde sus hijas no pudiesen escucharla, y se echó a llorar amargamente. Su esposo Michael entró en la habitación.

–¿Por qué? –sollozó–. ¡Deseaba tanto hacer ese viaje! ¿Por qué?

Tratando de consolarla, Michael dijo:

–Lo siento Fran, pero ya sabes que hay personas que están mucho peor que tú.

Fran levantó la cabeza.

–Mike, esto duele –dijo con voz suave–. Ya sé que estás tratando de ayudarme. Pero, por favor, no vuelvas a decirme esto.

Luego supo de amigos y familiares que padecían otros tipos de enfermedad –cáncer, depresión, cefalea crónica– y se dio cuenta de cuán a menudo ella había hecho lo mismo, dar el consejo de «levantar el ánimo» bajo el peso de la aflicción. Se prometió a sí misma que, a partir de aquel momento, nunca se atrevería a imaginar que sabía lo que otra persona estaba sintiendo. En lugar de eso, haría todo lo posible para escuchar bien –ni más, ni menos.

A lo largo de los años siguientes, Fran aguantó el temporal de la EM, padeció numerosas crisis, pero también disfrutó de varios períodos de remisión. Cuando tenía cuarenta y un años, una mañana intentó levantarse de la cama y se dio cuenta de que apenas podía mover las piernas. Tuvo que utilizar los brazos para arrastrar las piernas hacia un lado de la cama. Temerosa, pensó: «Si mi cerebro está trabajando, ¿por qué el mensaje no llega hasta mis piernas? ¿Qué me pasa?».

Michael la llevó a urgencias. Cuando lo vi en la puerta empujando la silla de ruedas de Fran, noté una presión en el tórax. *Esto es precisamente lo que temía.* Fran me miró con lágrimas en los ojos.

–Ahora estoy paralítica, doctor –me dijo con la voz entrecortada–. ¿Pasaré así el resto de la vida?

Pensé: *Sí, así será.* En voz alta, dije:

–No, Fran, se trata de un problema temporal. Encontraremos la manera de que mejores.

«Se me ocurrirá algo», le prometí en silencio. La ingresamos en el hospital, donde la trataron con corticoides intravenosos durante una semana. No sirvieron de nada. Le dieron un curso de terapia física y le enseñaron a utilizar la silla de ruedas. Cada mañana, cuando iba a visitarla, rezaba para ver alguna mejoría. No hubo ninguna. En lugar de eso, veía que, por primera vez desde que la conocía, Fran se hundía en una depresión.

–Hola doctor –me decía aún cuando entraba, pero su voz sonaba plana y cansada.

Cuando le di el alta del hospital, la animé a que me llamara cuando le apeteciera, en cualquier momento.

–Gracias –me respondió, asintiendo educadamente. Pero tenía el rostro cerrado y los ojos muy lejos de allí.

En su casa, Fran empezó a recuperar gradualmente algo de su antiguo espíritu del «puedo hacerlo». Intentó caminar con un bastón, pero sus piernas sencillamente no colaboraban. Como medida de seguridad, trató de caminar únicamente con la ayuda de Michael o alguna de sus hijas. Pero una tarde, mientras estaba sola en el cuarto de estar, Fran sencillamente se hartó. Ya había llegado al límite de dependencia de los demás y decidió que trataría de andar desde la silla de ruedas hasta el estante para alcanzar un libro que quería leer. Sólo eran unos pocos pasos; ¿sería muy duro?

Luchando con sus pies, Fran dejó los brazos de la silla e inmediatamente se cayó al suelo. Mientras se meneaba desesperada, incapaz de levantarse, el teléfono que había encima de la mesa empezó a sonar, a pocos metros de donde ella estaba. Angustiada, trató de alcanzarlo, pero no pudo. Con las últimas fuerzas que le quedaban, tiró del hilo telefónico, de modo que el aparato cayó al suelo, a pocos centímetros de su cuerpo. Cogió el receptor; por milagro, ¡se trataba de Nancy!

Nancy, que entonces tenía diecinueve años, fue corriendo a su casa y ayudó a Fran a volver a la silla de ruedas. Luego se sentó frente a su madre y trató de consolarla.

–Mamá, podrás andar de nuevo –le dijo para animarla.

Pero, por primera vez, Fran no pudo esconder sus sentimientos a su hija. Llorando, le dijo:

–No sé si podré, Nancy. Estoy muy mal.

Nancy cogió la mano de su madre y ambas lloraron.

Cuando Fran vino a mi consultorio unos días más tarde, con Mike empujando la silla, percibí la desesperación en su rostro.

–Por favor, doctor, haga algo –me rogó–. No puedo soportar vivir de este modo el resto de mi vida.

La desesperación volvió a atormentarme. Fran tenía razón: si no hacíamos nada, podía pasarse el resto de la vida postrada en una silla de ruedas. Lo habíamos intentado con los corticoides y su efecto había sido predeciblemente limitado. ¿Qué más *podíamos* hacer?

De pronto caí en algo: ¡Las investigaciones de Howard!

Mi compañero Howard Weiner era el director del programa de EM del hospital Peter Bent Brigham de Boston. En aquella época, estaba realizando ensayos clínicos con un fármaco poco convencional para la esclerosis múltiple, un tratamiento que la FDA no había aprobado para esta indicación. El medicamento era ciclofosfamida, que se utilizaba en la quimioterapia anticancerosa; Howard había descubierto que era sorprendentemente útil en pacientes con EM, especialmente quienes, como Fran, se encontraban en una fase agresiva de la enfermedad. Antes de los estudios en la especie humana, algunos estudios experimentales con ratones habían mostrado resultados esperanzadores. Aunque también sabía que este medicamento conllevaba riesgos y producía efectos secundarios. ¿Valía la pena correr esos riesgos por los posibles beneficios?

–Es posible que haya algo que pueda ayudarle –le planteé. Los ojos de Fran se iluminaron.

Le expliqué brevemente el estado en que se encontraba esta sustancia experimental y recomendé a Fran que ella y Michael viajaran a Boston para visitar a Howard y tener una segunda opinión y más detalles sobre el tratamiento. Cuando Fran asintió, esperanzada, telefoneé a Howard y le dije:

–Tengo a una paciente especial que necesita una experiencia y una ayuda especiales.

Y le expliqué la situación detalladamente. La visitó de inmediato.

Dos semanas más tarde, Fran y Michael volvían a estar frente a mi escritorio, a la vez entusiasmados por la apasionada descripción que Howard les había hecho de la capacidad del medicamento para detener o retardar la evolución de la EM, y algo reacios por su sincera descripción de los posibles efectos secundarios. La ciclofosfamida no sólo produce caída del cabello y cansancio, sino que también aumenta significativamente el riesgo de padecer un cáncer de vejiga. El fármaco también reducía los glóbulos blancos lo que, a su vez, incrementaba la susceptibilidad a padecer infecciones, y eso, ocasionalmente, podía llegar a ser mortal.

–Aunque el lado bueno es muy prometedor –le expliqué claramente–, quiero que esté segura de considerar todo el panorama. La mayor parte de los pacientes con EM mejoran con este fármaco, pero no todos lo consiguen. Y, como sabe, los riesgos son importantes.

Miré los ojos de Fran: quería estar seguro de que entendía exactamente lo que iba a hacer.

Fran me devolvió la mirada, su mirada habitual.

–He pensado mucho en eso, y también he conversado con Michael y con las chicas sobre los pros y los contras –dijo–. Comprendo perfectamente los riesgos que conlleva. No son banales, lo he entendido bien –inspiró profundamente y percibí que sus ojos se avivaban ligeramente–. Sin embargo, si este tratamiento me va a dar la oportunidad de tener algo que se parezca a una vida normal, entonces quiero tomarlo.

Empezó casi inmediatamente; Fran recibía tratamientos mensuales intravenosos de ciclofosfamida combinada con corticoides para reducir la inflamación. Debido al elevado riesgo de infección, le di órdenes estrictas de que se mantuviera alejada de las multitudes y, también, de cualquier persona que supiera que *podría* estar enferma. A Fran, una persona de naturaleza social, este aislamiento forzado le resultó difícil. Pero al cabo de poco tiempo ya había encontrado fórmulas para mejorar la situación; organizaba comidas con sus hijas en alguna de sus casas, hablaba más por teléfono con los amigos y organizaba «noches de cine en sesión doble» con Michael; tras alquilar películas en Blockbuster, preparaba unas palomitas y se disponía a pasar una velada íntima y agradable. Aceptó los efectos secundarios de la ciclofosfamida (la caída del cabello y el cansancio) con buen ánimo, e incluso hacía bromas con su peluca, su «último complemento de moda». Pero yo sabía que más allá del buen humor, había una pregunta silenciosa, amedrentadora: ¿funcionaría?

Por fortuna, así fue. Fran no sólo escapó de los riesgos de cáncer e infecciones, sino que durante varios meses no padeció crisis importantes de debilidad y desequilibrio. El día que llegó a mi consulta por su propio pie, con la única ayuda de un bastón, lo celebramos juntos.

–¡Mírese! –la animé mientras ella sonreía de oreja a oreja.

–Por el mismo precio, prefiero estar en posición vertical.

Noté que el corazón me latía más aliviado. Aunque nunca forcé a Fran para que tomase ese fármaco de alto riesgo, sabía con toda seguridad que, sin él, los síntomas habrían seguido empeorando, hasta que finalmente la postraran. El medicamento experimental había funcionado como un interruptor que frenara la fase de avance rápido de su enfermedad. A Fran la había devuelto a la vida.

Tiempo después, Fran me explicaría que había dudado mucho sobre la posibilidad de tomar la ciclofosfamida. La aterrorizaba la posibilidad de que le apareciese un cáncer de vejiga o, todavía peor, morir a causa de cualquier infección grave e intratable. Me sorprendió al confesarme que, al final, su decisión no tuvo tanto que ver con la relación entre el beneficio y el riesgo del medicamento, como con la naturaleza de la relación que habíamos establecido.

–Viene de lejos, de Nancy –me explicó–; viene de cuando era pequeña y estuvo a punto de quedarse ciega, y usted averiguó cómo curarla. Pero no sólo fue eso... –se detuvo un instante y se mordió un poco el labio, como si estuviera intentando encontrar las palabras más apropiadas–. Durante esa época tan terrible, hubo otros tres médicos que me dieron versiones distintas de lo mismo: que yo era una madre neurótica que se imaginaba cosas. Pero no era cierto. Usted me creyó.

Sus palabras me emocionaron y reflexioné mucho sobre ellas a partir de aquel momento. Pensé, sobre todo, en la importancia crucial de la confianza entre el médico y el paciente y lo que hacía posible que esa fe arraigase y floreciese. En la facultad de medicina había aprendido que la confianza de un paciente dependía, en primer lugar, de la habilidad terapéutica del médico: si el médico curaba o, por lo menos, si aliviaba una enfermedad, era probable que el paciente empezara a tener fe en ese médico. Aunque el éxito en el tratamiento era indudablemente importante, Fran me había hecho saber que no era lo único que importaba. Me ayudó a comprender que había otras cosas, intangibles, como el respeto, escuchar con atención y sensibilidad lo que siente un paciente; eso puede ser incluso más importante. Quizá la confianza dependía, más que nada, de respetar realmente a otro ser humano.

Pero incluso había algo más que eso. Creo que pocos pacientes se dan cuenta de que los puentes de confianza que se construyen entre el médico y el paciente van en las dos direcciones. No le conté a Fran la otra mitad de la ecuación: que sólo porque yo tenía confianza en *ella*, pude tomar la decisión de prescribirle ciclofosfamida. De no haber confiado en Fran, no me hubiera arriesgado a recetarle un medicamento potencialmente peligroso que fácilmente podría haber sido objeto de un juicio por mala práctica si las cosas hubiesen salido mal. Pero, durante todos esos años, Fran y su familia me habían transmitido de maneras muy diversas que apreciaban muchísimo nuestra relación. Fue ese sentimiento de confianza mutua lo que nos permitió a los dos, a Fran y a mí, dar el salto hacia lo desconocido. Y fue ese salto el que, al fin, hizo posible que Fran se levantara de la silla de ruedas y regresara a su vida.

Eso no significa que fuese sencillo para ella. Aunque Fran no volvió a presentar ninguna crisis importante de EM desde que realizó su tratamiento con ciclofosfamida, ha continuado haciendo frente a crisis menores de visión borrosa, de inestabilidad y debilidad en las piernas. Cuando aparecen estos síntomas, le receto corticoides y, con este tratamiento, normalmente vuelve a su estado basal en una semana, más o menos. «Estado basal» significa que anda con cierta cojera, siente cierta inseguridad al desplazar los pies y padece fatiga crónica. Además, desde mediados de la década de 1990 recibe inyecciones de interferón$_{1a}$, un tipo de medicamentos llamados genéricamente interferones que reducen la frecuencia de las crisis. La vida cotidiana puede llegar a ser un verdadero reto para Fran. Con los años, mi esposa Eva y yo hemos hecho verdadera amistad con Fran y Michael, de modo que he sido testigo en repetidas ocasiones de su capacidad para enfrentarse a lo que le llega con valentía y capacidad de recuperación. Una y otra vez, veo a Fran caminar sobre la delgada frontera que existe entre aceptar lo que no se puede cambiar –la realidad de su EM– y luchar por cada gota de goce y de felicidad que su vida le ofrece.

Por ejemplo, nunca dejaría escapar una buena fiesta. Pero, puesto que se cansa deprisa, Fran se mezcla con la multitud en una especie de motocicleta adaptada con una bandeja para las bebidas y los canapés. Cuando ella y Michael se van a una feria, siguiendo su afición favorita, coleccionar juegos de café y porcelana Hungarian Herend, ella va en una motocicleta estándar sin la bandeja. Nada casi cada día en el centro comunitario local, tanto para hacer ejercicio, como porque «me encanta sentir mi cuerpo dentro del agua: ¡Puedo hacer de todo!». Y aunque ya no puede hacer grandes caminatas por los bosques cercanos, se ha acercado la naturaleza: colgó un soporte para alimentar pájaros frente a la ventana de la cocina, y disfruta muchísimo del revoloteo y los gorgoritos de una gran cantidad de aves locales.

Fran también ha conservado su pasión por los viajes, y hace todo lo posible para participar. Durante los últimos años, ella y Michael han visitado México y Alaska, a veces con un chófer particular y, a veces, con una silla de ruedas durante las etapas especialmente agotadoras. Pero no ha habido ningún viaje que le haya provocado más placer que uno reciente, cuando formó parte de una misión solidaria a Israel. Acompañada por cincuenta y cinco residentes de Lehigh Valley, incluyéndonos a Michael, Nancy, Eva y yo, disfrutó enormemente al visitar unas ruinas de más de 3.000 años de antigüedad, una base del ejército cerca de la frontera con Gaza y el Independence Hall de Tel Aviv, donde Ben Gurion declaró el Estado de Israel en 1948. Pero, sin duda, lo más especial y emocionante del viaje para Fran fue una visita muy especial, el Hadassah University Hospital en Jerusalén, el lugar de curación y de entendimiento cultural que tenía que haber visitado treinta años atrás.

Cuando llegó al hospital con Michael y Nancy, un guía VIP especial dio la bienvenida a la familia y les mostró el centro. Presentó a Fran a las enfermeras y médicos como la expresidenta de Hadassah en su comunidad estadounidense, alguien que había pasado décadas de su vida concienciando y buscando fondos para el hospital. Pero, para Fran, la parte más memorable de la visita fue el servicio de pediatría, donde encontró a niños israelíes y palestinos, algunos de ellos en silla de ruedas, otros con suero endovenoso. Observó cómo las madres árabes, con la cabeza envuelta en un pañuelo, y las madres israelíes, con pantalón vaquero y top, se sonreían las unas a las otras, se ayudaban mutuamente y traían juguetitos para que los niños los compartieran, o se ofrecían agua o algún caramelo. Mientras tanto, los niños se llamaban entre sí desde la cama o la silla de ruedas, muchos habían aprendido los rudimentos del idioma de los otros y convivían en la misma sala. Dentro de los límites de sus enfermedades, reían y jugaban juntos como hacen los niños en cualquier lugar, con las diabluras propias de la edad.

Aquella tarde, cuando regresó al hotel, Fran me describió su experiencia.

–El espíritu de cooperación y de atención en esa sala... realmente se podía percibir –dijo con los ojos resplandecientes–. Mientras estaba sentada con esos niños y sus madres, viendo cómo aquella pequeña comunidad se creaba a sí misma, hubo un momento en el que sentí... ya sabes, que es *eso*. Que la vida es realmente eso.

Asentí, demasiado emocionado para hablar. En cambio, me limité a beber aquella mirada de Fran, sentada frente a mí, con el bastón al lado, desprendiendo vitalidad y alegría. Si las palabras no se me hubieran quedado encalladas en el cuello, hubiera dicho: «Si alguien sabe de qué va la vida, ésa eres tú».

Amar a Fred y perdonarme

Fred llegó a mi vida moviéndose al estilo Charlie Chaplin, acompañado por su esposa. Dando pasitos rápidos y saltarines hacia mi consultorio, se desplazaba con el cuerpo encorvado hacia adelante y los brazos tiesos en los lados, como si estuviera sobre el hielo deslumbrante preparándose para caer. Él y su esposa Sally esperaban que le diagnosticase su enfermedad y les recetase algún remedio que le mejorara considerablemente la vida. Diagnosticar su enfermedad no representaba demasiado problema; tratarlo ya era una proposición bastante más compleja. Pero el impulso que inicialmente llevó a Fred Wentz hasta mi consultorio aquella soleada mañana de octubre fue algo sencillo y totalmente comprensible: estaba enfermo y sufría; quería volver a sentirse bien.

–*'lgo no stá funzzionando en miz pierrrnaz*, doctor –empezó a explicarme Fred, haciéndose friegas en los muslos con sus manos de trabajador.

Nacido en una granja de Allentown, donde pasó su vida, Fred Wentz era descendiente de alemanes y holandeses de Pensilvania y conservaba un acento marcado. La mayor parte de su vida adulta la había pasado ordeñando vacas, criando gallinas y cultivando maíz que vendía en los mercados agrícolas locales. En los últimos años, cuando ya no podía trabajar, vendió la granja a una inmobiliaria y vivía de la renta que le proporcionaba la tierra. Recuerdo con claridad la primera vez que le vi, a los cincuenta y ocho años: Fred era fuerte, delgado y vigoroso; tenía la cara y el cuello perpetuamente bronceados de los granjeros. Observé que se había vestido especialmente para la visita; llevaba un jersey blanco de algodón, unos pantalones recién planchados y unos zapatos de vestir negros con un poco de polvo.

Fred tenía una cabeza en forma de huevo, calvo en la coronilla y con cabello blanco en los lados, y el rostro bien rasurado. El pecho, los brazos y las piernas tenían buena musculatura, con un aspecto y un equilibrio natural que sería la envidia de muchos culturistas. A pesar de su metro setenta, tenía las piernas y los brazos largos.

–¿Podría explicarme qué es lo que no está bien en sus piernas, señor Wentz? –le pregunté.

–Miz pierrrnaz stán débilez y zoy incapaz de moverrrlaz bien –me explicó con la cadencia de su dialecto holandés de Pensilvania.

* * *

–Y ze cae'n casa todo el rrrato –añadió Sally–. *¡Ezo stá mal!* –replicó.

Con sus mejillas rosadas y el cabello canoso recogido en un moño bien arreglado, Sally parecía el vivo retrato de una mujer de granjero. Pero enseguida me di cuenta de que era una mujer de muchos dones y papeles. Aparentemente, aquel día no llevaba maquillaje y, en realidad, no lo hizo nunca. Al contrario que Fred, su esposo, su piel no mostraba signos de exposición al sol, pero tampoco era nada pálida, más bien tenía un tono rosado saludable en las mejillas. Era «agradablemente regordeta»; tenía cierto sobrepeso, pero lo llevaba bien. Desde el momento en que entró en el consultorio, estaba muy atenta; se iba desplazando por la habitación para estar siempre al lado de Fred, a punto para cogerlo si se caía. Además, tenía el cerebro en movimiento continuo, para proporcionar datos, hechos, momentos, lugares y acontecimientos relacionados con la enfermedad de Fred. En su bolso verde brillante de lona llevaba una libreta en la que tenía anotadas unas preguntas, y me di cuenta de que iba tomando nota de todo lo que yo decía.

Desde nuestro primer encuentro, comprendí que Fred y Sally eran una pareja más allá del sentido habitual de la palabra: había dos mentes y dos corazones funcionando como si fueran uno solo. Cada vez que preguntaba alguna cosa, Fred buscaba los ojos de Sally con una mirada de absoluta confianza, como diciendo: «Lo sabes tan bien como yo, o quizá mejor». En cuanto a Sally, desplazaba la mirada triste y atenta de Fred hacia mí, y de nuevo a Fred. Noté que ella ya sabía que, fuera lo que fuera que le pasara a Fred, no era nada banal.

En realidad, Fred me había venido a ver ante la insistencia de Sally porque le había aumentado el temblor en las manos, sus movimientos parecían más lentos y, sobre todo, porque arrastraba los pies. Antes de verme, Fred nunca había visitado a ningún especialista ni había padecido ninguna otra enfermedad. No tomaba medicamentos ni tenía ningún problema crónico ni dolencias sistémicas.

–¿Se ha caído alguna vez, Fred? –pregunté.

–*Vueno*, unas cuantas *vezes* –admitió–. Cuando me *girro deprrisa*, *'tonces pierrdo* el *equilibrrio* y caigo –dijo con una sonrisa amable y lo que pensé que era un guiño rápido del ojo izquierdo.

–Y sus manos empiezan a *moverrse*, también –intervino Sally–. *Mientrras* está sentado en *ezta meza*, usted le ve bien, *perro* tiembla cuando intenta *sentarrse* y *estarrse* quieto, aunque desaparece cuando hace alguna cosa y cuando camina.

–*Zí*, *perro* esto no me incomoda nada –insistió Fred–. Puedo *uzar* las manos *perrfectamente*, *perro* las *pierrnas* no me *obedezen*.

–¿Desde cuándo se siente así? –pregunté.

–Bueno, quizás un *parr* de meses –admitió Fred.

–¡Qué va! –le corrigió su esposa moviendo ostensiblemente la mano–. *Crreo* que, *parra serr prrecizos,* ya son *cerrca* de seis meses o más.

Me giré hacia Fred.

–¿Hoy ha venido por el problema de las piernas?

–*Zí, corrrecto* –asintió Fred–. Tengo las *pierrnas rrígidas* y no puedo *caminarr* bien.

Cuando le hice la exploración neurológica, el diagnóstico resultó tan sencillo como su mirada fija. Podía estar sentado en una misma posición mientras hablaba, sin temblar ni cambiar de postura. También observé que casi no parpadeaba. Al tacto, sus músculos estaban rígidos, y me costaba flexionarle o extenderle los brazos y las piernas, pero con el movimiento repetitivo, el tono aflojaba y parecía casi normal. Conservaba la sensibilidad y su mente se mantenía clara y cristalina. Cuando estaba en reposo, mostraba un temblor aleteante en las manos y los dedos, que daba la sensación de que no se detenía nunca, pero que desaparecía cuando le pedía que cogiera un objeto o que ejecutara alguna tarea motriz fina, como abotonarse la camisa; sin embargo, cuando terminaba, el temblor volvía.

Cuando le pedí a Fred que se levantara de la camilla, se movió durante unos segundos, como tratando de ponerse en marcha antes de lograrlo. Una vez en el suelo, se quedó con los pies inmóviles, como si los tuviera pegados a las baldosas. Tras algunos movimientos de vaivén, finalmente consiguió volver a caminar, pero tenía una marcha inestable y algo encorvada, como para darse impulso hacia adelante. Mientras caminaba, tenía los brazos colgando rígidamente a ambos lados, como si fuera un soldado de madera. Para comprobar sus «reflejos para mantenerse de pie» (la capacidad para encontrar un centro de gravedad y permanecer derecho al desequilibrarse), di un empujón suave al pecho de Fred. Cayó hacia atrás tan rápidamente y con tanto ímpetu que, de no haberlo cogido a tiempo, se habría caído y habría golpeado la cabeza en la pared que tenía detrás.

Después de volver a equilibrarse, Fred se echó hacia adelante para coger un sobre con radiografías que había traído.

–Mi médico de cabecera me hizo un TAC de la cabeza, *perro asegurra* que todo está bien –me explicó.

Cogí el sobre y le sonreí, porque sabía bien que aquello no se podía diagnosticar con radiografías ni mediante un TAC. Sin embargo, miré las imágenes por mirarlas y, a continuación, pedí a Fred y a Sally que se sentaran para hablar del diagnóstico.

Viendo a Fred recordé otro paciente, un hombre de unos setenta años que había visto años atrás. Cuando le di el diagnóstico que estaba a punto de comunicarle a Fred, me preguntó repetidamente si estaba totalmente seguro. Le respondí que estaba razonablemente seguro del diagnóstico, pero que sólo el tiempo y la evolución de los síntomas nos lo confirmarían. Le di hora para que regresara seis meses más tarde y, en ese tiempo, los síntomas realmente habían evolucionado. En la segunda visita no tenía ningún síntoma de depresión, pero volvió a preguntarme varias veces si ahora ya estaba seguro del diagnóstico. Amablemente le dije que ya estaba seguro, pero que disponíamos de un tratamiento. Recuerdo que aquel hombre me dio las gracias y cerró la puerta del consultorio suavemente. Luego regresó a su casa, dejó una nota a su esposa en la que le explicaba que no quería representar una carga para nadie y se suicidó con el monóxido de carbono del humo de su coche en el garaje cerrado. Me quedé totalmente desolado, preguntándome si hubiera podido haber hecho o dicho algo que hubiese evitado esa tragedia innecesaria. Con este paciente en mente, me senté delante de Fred con gran empatía y mucho tacto.

–Fred –le dije con la mayor amabilidad que pude, tomándome mi tiempo–, todos estos síntomas que tiene se resumen en algo que se llama enfermedad de Parkinson.

A continuación, le expliqué que se trataba de una enfermedad neurológica marcada por varios de los síntomas que él estaba experimentando, como el temblor en reposo, lentitud de movimientos y rigidez muscular.

–¡Lo sabía, lo sabía! –exclamó Sally, con aspecto de gran preocupación. Cogió la mano de Fred.

–Y… ¿me moriré de eso? –espetó Fred.

–No, Fred, eso no le va a matar, pero ciertamente le dificultará un poco la vida –le dije–. Todavía no existe ningún remedio para la enfermedad de Parkinson, pero tenemos buenos medicamentos y estoy convencido de que se sentirá mejor si los toma tal como le voy a explicar.

–¿Cuánto tardaré en *sentirrme mejorr*? –preguntó impaciente, mientras se ponía la chaqueta despacio.

–Puede que sea bastante rápido –le dije tranquilizándole–. La mayoría de los pacientes empiezan a sentirse mejor poco después de empezar a tomar la dosis más baja de Sinemet (una combinación de carbidopa y levodopa); le pediremos a la enfermera que le cite para el próximo mes.

Mientras se acercaba el día de la visita siguiente, confiaba en que Fred estaría mucho mejor y que sólo tendría que hacer un pequeño ajuste en la medicación que le había recetado. Pero cuando volvió a entrar caminando con rigidez, seguido por Sally, supe que había alguna cosa que no acababa de funcionar. Mientras la enfermera le tomaba la presión y lo ayudaba a ponerse sobre la camilla, repasé las notas que había tomado en la visita anterior.

–¿Cómo se encuentra, Fred? –le pregunté con una voz que a mí mismo me sonó falsamente alegre.

–*Crreo* que estoy un poco *peorr* –replicó Fred–. Me parece que todavía estoy más *rrígido*.

–¿De modo que está tomando el medicamento tres veces al día y no ha sentido ninguna mejoría? –le pregunté algo sorprendido.

–No, no; tomé una o dos de esas *píldorras* que usted me *rrecetó*, *perro* me hicieron *sentirr* mal, de modo que no tomé ninguna más –afirmó Fred con toda naturalidad, mientras Sally lo corroboraba.

–Fred, no me sorprende que esas píldoras no le hicieran demasiado efecto porque era una dosis muy baja, pero me sorprende que le hicieran sentir peor. ¿Le empeoraron el temblor y le pusieron las piernas más rígidas?

–*Vien*, eso no lo sé –replicó Fred–. Las *píldorras* me produjeron *dolorr* de estómago, y las dejé. –Se acarició la barriga con una mueca agria en el rostro mientras Sally asentía.

Percibí que Fred había padecido un efecto secundario del medicamento que era frecuente: náuseas. Expliqué a Fred y a Sally la importancia de continuar el tratamiento y que el malestar gástrico desaparecería y que el temblor y la marcha irían mejorando. Volví a escribir la receta de Sinemet, pero esta vez le recomendé una formulación de dosis bajas y acción prolongada y le pedí que la tomara junto con la comida, de modo que pudiera absorberlo con menos efectos secundarios. Esta estrategia empezó a surtir un efecto gradual, pero de una lentitud frustrante, tanto para el paciente como para su esposa y para el médico. Quería mejorar el sufrimiento de Fred por todos los medios, y casi siempre sentía que podía hacer algo más. A menudo, tenía la impresión de que la enfermedad de Fred evolucionaba más rápido que mi habilidad para recetar algún remedio para ese hombre.

Durante los años siguientes fui ajustando la dosis con cautela para lograr que Fred se moviera con la mayor normalidad posible. A veces, tenía la sensación de que estaba dando bastante buen resultado, pero otras estaba convencido de que era un fracaso. Con cada nuevo fármaco que le recetaba a Fred, le aparecían efectos secundarios, aunque casi nunca se quejaba. Los fui descubriendo, tras casi implorarle que lo explicara después de que me hubiera asegurado que «estaba bien», o conversando con su esposa. Sally siempre sabía qué le pasaba en realidad a Fred, y siempre me lo contaba sin rodeos.

Me llamaba en cuanto Fred volvía a caerse. Mi respuesta era aumentar la dosis de uno de los medicamentos y reducir la dosis del otro para intentar mejorar los síntomas.

A veces, añadía otro remedio como Parlodel (bromocriptina), ropinirol, pergolida, amantadina, Artane (trihexifenidilo), selegilina u otros para lograr que el Sinemet funcionara mejor y sin tantos problemas. Continué ajustando las combinaciones de fármacos y las dosis en las que debía tomarlos; era algo bastante complejo, pero su adorable esposa se encargaba de dárselos cuando correspondía. Nos encontramos frente a algunos éxitos limitados y muchos fracasos, pero yo estaba decidido a limitar el padecimiento de Fred tanto como pudiera. Traté repetidamente de convencerlo de la importancia de realizar ejercicios y estiramientos, de comer bien y de tomarse los medicamentos que le prescribía. A menudo, tenía la sensación de que esta compulsión por controlar esta enfermedad esencialmente intratable rozaba la obsesión. Pero la mayor parte de las veces acababa planteando la estrategia siguiente para limitar los síntomas de Fred y me decía a mí mismo: «¿Qué más *puedo* hacer? ¿Para qué está un médico, sino?».

A menudo, cuando nos encontrábamos en el consultorio, miraba a Fred con profunda tristeza. Era un hombre relativamente joven para tener esta enfermedad, que se le había presentado despiadadamente en mitad de la vida, dejándole rígido, con náuseas, sudoroso, con temblor, mareo y cierta inestabilidad al caminar. Le había robado su entusiasmo por la granja y le había dejado prisionero en su casa. Sin embargo, nunca se quejó ni protestó en mi presencia, aun cuando yo tratara de sonsacarle. De haberle dicho: «Está bien sentirse frustrado», él se hubiera limitado a sonreír y encoger los hombros, como diciendo: «¿Y quién dijo que la vida era justa?».

Después de siete años de tratamiento, Sally había empezado a hablar por Fred en las visitas, porque su voz se había debilitado mucho. En una de las consultas, mientras ella le acariciaba la espalda, me explicó que el medicamento le hacía efecto durante unas horas, pero que luego el movimiento se descontrolaba por completo. Todo lo que Fred podía hacer en ese momento era tumbarse desamparado en la alfombra del salón frente al hogar, moviéndose sin parar y esperando pacientemente hasta poder tomarse la siguiente dosis sin peligro. Me lo imaginé tumbado sobre la alfombra con las manos rígidas y los brazos moviéndose rítmicamente como las alas de un colibrí sosteniéndose en el aire.

Con cada visita, continué ajustando y experimentando muchas combinaciones de medicamentos y finalmente empecé a añadir fármacos poco convencionales como los relajantes musculares, Valium y, finalmente, antidepresivos para tratar de aliviar la melancolía creciente de Fred y su incapacidad para dormir por la noche. En un momento determinado, después de leer una idea publicada en una revista médica, mezclé su medicamento con zumo de naranja y así podía ir bebiéndolo todo el día en una cantimplora para tratar de espaciar las fluctuaciones de sus síntomas. Durante un tiempo, esto funcionó de maravilla. Todavía veo al granjero Fred con la cantimplora Nike y la caña de plástico que llevaba por todas partes colgada del cinturón. Bebiendo ese cóctel de medicamentos con el zumo de naranja cada hora, parecía que se mantenía bastante más estable que tomando las pastillas cada tres horas, lo que requería esperar el «subidón» y, luego, experimentar el «bajón» una hora o dos más tarde, y eso lo dejaba sobre la alfombra del comedor hasta que era relativamente seguro tomar la dosis siguiente.

A pesar de todo, yo tenía la sensación de que no estaba haciendo demasiado. Me pregunté si la combinación de las fuerzas de los cerebros de todos mis compañeros con sus centenares de años de experiencia en neurología podría concentrarse para ayudar a Fred. De modo que me las arreglé para que Fred y Sally vinieran cuando todos los médicos del servicio pudieran escuchar su historia, escuchar todo lo que yo había intentado y aportar sus sugerencias. En aquella sesión salieron varias ideas, pero su eficacia se evaporó rápidamente. Fred continuó empeorando mes a mes y yo sentía mi fracaso cada vez más.

De modo que levanté todas las barreras. Con el permiso de los Wentz, me puse en contacto personalmente con el mayor experto mundial en la enfermedad de Parkinson, que casualmente vivía cerca de la Universidad de Pensilvania. Le resumí mi preocupación y le mandé a Fred, esperando que ocurriera un milagro.

Pero no llegó. El especialista en Parkinson dijo a Fred y a Sally que ya se había hecho todo lo posible.

–Acéptelo y aprenda a vivir con sus síntomas –le aconsejó el experto.

Parece que Fred y Sally aceptaron esta noticia con ecuanimidad. Pero yo no. En realidad, estaba furioso con aquel hombre: ¿cómo se atrevía a decirle a mi paciente y a su esposa que abandonasen toda esperanza? Su veredicto sólo consiguió atizar más mi determinación de ayudar a Fred. No perdería mi fe. Continué esperando que algún día, algún medicamento o una combinación de ellos lograse que Fred volviera a tener el aspecto de antes.

Al cabo de ocho años de haberlo diagnosticado, Sally empezó a llamarme cada semana. Intercambiábamos ideas sobre cómo hacer que Fred se sintiera más cómodo, como comprarle una silla que se levantaba para ayudarle a ponerse de pie más fácilmente cuando estaba sentado, mantener un programa de ejercicios diarios y participar en encuentros de pacientes con Parkinson. Sin embargo, estas medidas tuvieron un impacto limitado. Es más, los medicamentos que tomaba Fred ya no le hacían nada. No sólo su eficacia desaparecía rápidamente y ese misterioso fenómeno de «subida y bajada» ensombrecía todos los beneficios sin avisar, sino que los medicamentos cada vez eran menos eficaces. En un intento de aliviar los síntomas, en algunos pacientes con Parkinson se estaba empezando a utilizar de manera experimental la cirugía cerebral, y la estrella de cine Michael J. Fox era un ejemplo, pero Fred y Sally rechazaron esta opción invasora y de riesgo elevado.

Finalmente, ya con pocas opciones más para ofrecer, le sugerí a Fred que podríamos ingresarlo en el hospital para lo que en entonces se llamaba «descanso de tratamiento». La idea era que si detenías todos los medicamentos para el Parkinson durante dos semanas, el paciente sentiría mayor rigidez y se encontraría peor durante un tiempo, pero luego, al reiniciar el tratamiento, probablemente respondiera mucho mejor. Todos estuvimos de acuerdo en que valía la pena intentar esta opción. Pero tres días después de haber abandonado los fármacos, Fred se quedó confinado en cama. Iba alternando movimientos continuos y violentos de la cabeza, los brazos y las piernas con súbitos períodos de rigidez e inmovilidad que le convertían en un espectro metálico de sí mismo, un hombrecillo oxidado que apenas podía mover los labios, expandir el tórax para respirar o abrir la boca para comer o beber. Cuando entré en su habitación al pasar visita y vi a cuatro enfermeras tratando de ponerlo en la camilla para cambiarle la cama, me apresuré a ayudarlas a levantarlo. En aquella época pesaba menos de 45 kilos y lo llevé en brazos, con la cabeza y el cuello sobre mi brazo izquierdo y la parte posterior de las rodillas en mi brazo derecho. Era como si estuviese moviendo una estatua de Fred, no un ser humano de carne y hueso.

Se me humedecieron los ojos al ver a Fred en ese estado desesperante, un estado al que había llegado por una decisión que había tomado yo mismo.

–Fred, ¿se encuentra bien? –le pregunté en voz baja.

–*Vueno*, un poco *rrígido* hoy, *doctorr* –me susurró en el oído.

–Lo sé, lo sé, Fred –dije, triste–. Tres días más así y empezaremos a administrarle el tratamiento otra vez. ¿Podrá aguantarlo?

–Zí, zí, doctorr –me dijo jadenado–, *perro* me cuesta un poco *rrespirar*, ¿sabe? *Crreo* que aquel *rremedio* que dejamos funcionaba *mejorr* de lo que pensábamos... –añadió tratando de esbozar otra sonrisa.

Después de otros tres días de tortura, volvimos a empezar el enorme arsenal de medicación que había preparado para Fred. Puesto que era incapaz de tragar, desmenuzamos los comprimidos, los disolvimos en zumo de naranja y se los administramos mediante un tubo de plástico que le entraba por la nariz y le llegaba directamente hasta el estómago. Aún tuvieron que pasar varios días antes de que el tratamiento iniciara el efecto y Fred empezara a animarse de nuevo.

A pesar de todo, no mejoró. El descanso del tratamiento había sido un fracaso. Peor aún, creo que había estado a punto de matar a Fred durante el proceso porque sus músculos –incluyendo los que se utilizan para respirar– se habían quedado casi inmóviles. A partir de aquel día, me juré que nunca más volvería a recomendar un descanso de medicación a un paciente con Parkinson, y nunca lo he hecho.

Al cabo de diez años de haber iniciado su enfermedad, Fred vivía en un estado de movimiento fluctuante incontrolado. Después de tomar sus fármacos por la mañana, le aparecía un efecto secundario llamado corea, movimientos serpenteantes que hacían que pareciese poseído por un espíritu demoníaco. Con aquel aspecto tan miserable, me confesó que nunca se había preocupado por la corea porque el tratamiento que le había provocado esos efectos le evitaba el dolor y le proporcionaba unas horas de movilidad al día.

–*Dirría* que estoy un poco *mejorr* –me dijo, asintiendo con afabilidad.

Una mañana, Sally me llamó para preguntarme si podían venir a verme inmediatamente. Cuando les vi caminando por el pasillo hacia mi consultorio, me di cuenta del triste baile de Fred: un brazo se levantaba súbitamente hacia la cabeza, con la palma girada hacia fuera, el otro serpenteaba por detrás de la espalda en movimientos bruscos y tambaleantes, flexionando las muñecas mientras extendía los dedos, retorciéndolos. Era como si las extremidades de Fred obedeciesen a otra mente, totalmente separada de la voluntad de su cerebro. Una vez sentado en mi consultorio, los brazos continuaban su movimiento sin control, las piernas bailaban y el cuerpo se balanceaba, contoneándose como si estuviese sentado sobre una estufa caliente. Luego, igual que si alguien hubiese apagado un interruptor, de golpe, se quedó rígido como una tabla e inició un temblor rítmico, lento y de movimientos amplios.

En este momento, Sally se puso en marcha. Al darse cuenta de que su esposo estaba demasiado rígido para continuar sentado, lo puso de pie y, a continuación, lo tumbó sobre la espalda, sujetándole los brazos tiesos y temblorosos sobre el pecho hasta que pasó la crisis. A continuación, Fred se volvió a sentar y miró a su adorable esposa, que permanecía junto a él y le acariciaba el cuello: siempre que Fred necesitaba algo, tanto si era alivio físico como una palabra de cariño, Sally estaba allí para proporcionársela. La devoción que sentía por él era instintiva, dependiente, sin límite.

Sin embargo, esta vez era Sally quien necesitaba ayuda. Había acompañado a Fred para verme, porque pensaba que había surgido un problema adicional, que la asustaba.

–Tiene alucinaciones –me explicó–, ¡*perro* lo que *rrealmente* me *prreocupa* es que no parece que a él le molesten!

–Fred –le dije, arrodillándome sobre una pierna para poder mirarle directamente a la cara–, ve algunas cosas en el despacho que no son reales, ¿verdad?

–*Vueno*, quizá –reconoció–. Por la mañana, cuando me levanto de la cama, *acostumbrro* a *encontrrarme mejorr* y bajo a cocina parra *desayunarr*. La cocina está llena de gente *esperrándome, prreparrándose* el desayuno y hablando alto *entrre* ellos –sonrió como si estuviese pensando en aquellas personas–. *Parrecen agrradables*.

–¿Cómo puede saber si son reales o imaginarias? –pregunté.

–*Vueno*, me lo imagino porque si Sally no las ve, es que no deben ser *rreales* –reconoció–. *Perro parrece* que estén allí.

–Fred –insistí–. ¿Le dan miedo?

–No –respondió–. *Parrecen* bastante simpáticos y no comen *demaziado* –añadió guiñando un ojo.

Pensé que aquellas alucinaciones debían ser imágenes de personas que Fred había conocido durante su vida, familiares, amigos y demás, pero él lo negó.

–¡Qué va! Nunca los he visto en mi vida. Son *carras* nuevas.

–¿Les habla, Fred? ¿Y qué le responden?

–*Clarro* que hablamos –sonrió–. ¿Acaso no *serría* maleducado *tenerr* gente en casa y no *dirrigirles* la *palabrra*?

No pude dejar de sonreír.

–¿Y oye lo que le dicen? –pregunté.

–*Zí*, son simpáticos. Mi oído no tiene *prroblemas*, ¿sabe, *doctorr*?

–O sea, que si usted dice «hola, buenos días», ellos responden...

–*Zí*, normalmente me explican su día y parecen muy *interresados* en lo que yo les explico.

Asentí. Parecía que Fred se lo pasaba bien con estos encuentros con su imaginario club del desayuno. «¿Y por qué no?», pensé. ¡Quién pudiera tener un grupo de amigos simpáticos e interesados como aquél!

En cualquier caso, sabía que las alucinaciones de Fred eran un efecto secundario del exceso de dopamina en el cerebro, precisamente el medicamento que controlaba su temblor y le permitía moverse con mayor facilidad. Para detener estas alucinaciones en pacientes que no tienen Parkinson, los médicos acostumbramos a recetar «bloqueadores dopaminérgicos» o un tipo de fármacos llamados antipsicóticos. El problema era que si Fred tomaba un remedio como el haloperidol o la clorpromacina, sería como inducirle un nuevo «descanso terapéutico». Contrarrestaría los beneficios de la mezcla que le habíamos preparado para mantenerlo lo más funcional posible, y volvería a quedarse rígido como una tabla; volvería a desesperarse y entraría en un estado miserable.

Expliqué la situación a Sally y a Fred, y les aconsejé que intentaran vivir con las alucinaciones, más que buscar algún remedio. Para Fred no suponía ningún problema, ya que podía hablar con un montón de personas que lo visitaban cada día. A Sally no le gustaba tanto la idea, pero comprendía que era preferible que apareciera esa tropa imaginaria para desayunar y no los peligrosos efectos de la medicación para que la tropa desapareciera. En cuanto a mí, empezaba a comprender que vivir con la enfermedad de Parkinson debía de ser algo más que intentar reducir los síntomas indefinidamente.

Al cabo de pocos meses, Sally me llamó para explicarme que las alucinaciones de Fred eran casi continuas y hasta excesivas para Fred. No sólo le secuestraban el pensamiento, sino que estaban rompiendo su relación con Sally, que luchaba infructuosamente para comunicarse con él. Los llamé a los dos a mi consultorio para discutir la posibilidad de administrarle un nuevo fármaco antipsicótico llamado clozapina, que podría controlar las alucinaciones, aunque pertenecía a un grupo farmacológico distinto que probablemente no hiciera empeorar los síntomas. Sin embargo, este medicamento podía tener algunos efectos secundarios muy temibles, que repasé con los Wentz. Entre ellos, había convulsiones, fiebre, confusión, diabetes e hipertensión, pero también una reducción espectacular de los glóbulos blancos que era irreversible y peligrosa. Este último riesgo era tan grave que la Agencia Estadounidense de Medicamentos (FDA) había obligado hacer análisis de rutina semanales. Tras pensarlo un rato, Fred y Sally concordaron en que querían probar ese medicamento.

Empecé recetando una dosis baja de clozapina, le pauté análisis de sangre semanales para identificar cualquier efecto secundario que Sally no fuera capaz de percibir. Aunque me preocupaba bastante aquel tratamiento, tenía la esperanza de que mejorara sensiblemente la calidad de vida de Fred. También esperaba que los análisis de sangre me permitirían saber en qué momento debería suspender el fármaco.

Nunca tuve la oportunidad de hacerlo. Justo el día que empezó el nuevo tratamiento, Fred falleció. Era un domingo por la mañana. Tomó sus pastillas y pasó un par de horas pensando con la cabeza clara, conversando con Sally. Luego se levantó para subir a su dormitorio y vestirse para ir a la iglesia y cayó desplomado al suelo. Pensamos que había tenido una arritmia cardíaca, pero nunca tuvimos certeza de ello.

Me sentí muy responsable de la muerte de Fred. No había habido ninguna notificación de arritmia ni de muerte súbita con este medicamento. Sin embargo, estaba enojado conmigo mismo por haber recomendado un medicamento que hacía tan poco tiempo que estaba en el mercado y cuyos efectos secundarios, por tanto, no se habían podido descubrir en su totalidad. (Actualmente, el fabricante pone la «muerte súbita» y la «arritmia mortal» entre las reacciones adversas raras.) Me acordé del poder del bolígrafo del médico, y hasta qué punto pueden ocurrir cosas impredecibles y dañinas incluso cuando uno tiene la voluntad sincera de curar. Revisé mi decisión un centenar de veces y me castigué a mí mismo sin piedad por mi pésimo razonamiento.

Más o menos un mes después de la muerte de Fred, Sally me llamó para decirme que a ella y a su hija Sarah les gustaría venir para hablar conmigo. Tenía cierta aprensión: al final tendría mi merecido castigo por aquel gravísimo error. Cuando las dos mujeres entraron en mi consultorio, suspiré.

–*Querremos agrradecerle* todo lo que hizo *porr* Fred –empezó diciendo Sally.

Estupefacto, escuché a Sally describir varios aspectos de mi amabilidad y mi preocupación por su marido, y Sarah, a quien no conocía, me explicó que su papá estaba muy agradecido por mis atenciones. Ni una sola vez se preguntaron qué hubiera podido pasar si no hubiese probado el medicamento nuevo.

–Fred no *habrría querrido* continuar viviendo del modo en que vivió los últimos años –dijo Sally con lágrimas en los ojos mientras me abrazaba para despedirse–. Dios fue bueno al *llamarrlo* de este modo.

Fue en aquel momento cuando experimenté el poder del perdón. Sally me hizo ver que las limitaciones físicas de la medicina habían sido superadas sobradamente por nuestra comunicación sincera durante años y por nuestro optimismo inquebrantable mientras luchábamos juntos contra la enfermedad de Fred, para aprender a vivir con ella de la mejor manera que sabíamos. Había estado preocupado por mis errores y mis fallos, y Sally me ayudó a diluir mi fijación por lo que no había funcionado y lo que no habíamos podido hacer. Su perdón me liberó para aceptar mis fortalezas igual que mis limitaciones. Por fin era capaz de reconocer mi propia humanidad.

* * *

Mirando hacia atrás, a mi década como médico de Fred, me quedo pasmado por lo poco que pude ayudarle con los medicamentos, y también por la gran ayuda y el gran apoyo que tenía del amor que le rodeaba. Fred era un hombre extraordinario que se permitió nutrirse de cada mano que tuvo cerca, incluso de aquellas manos imaginarias que encontraba alrededor de la mesa de la cocina. Empecé a tratar a Fred pensando que tenía que «fijar» los síntomas de su enfermedad neurológica degenerativa, progresiva e implacable. Todavía creo que tratar de aliviar el dolor y el sufrimiento de Fred fue una tarea honrosa. Aliviar los síntomas es una parte vital del ejercicio de la medicina. Sin embargo, aprendí algo más de mi paciente y de quienes lo cuidaban, algo por lo menos igualmente importante o tal vez mucho más: la medicina no siempre puede curar, pero el amor cura. Siempre.

Brincos de fe

Velar a Anna

«Es la hora», pensó Anna. La mujer de ochenta años levantó el candelabro del shabat de plata de su lugar habitual sobre el piano y lo colocó sobre la mesa del comedor. A continuación, se puso un pequeño lazo tejido en la cabeza. Luego, colocó cinco velas delgadas en los agujeros del candelabro; cada una representaba a un miembro de su familia: su hija Olga, su yerno Leo, su nieta Eva, su último marido, Morris, y ella misma. Con cuidado, encendió cada una de las velas. Después, tapándose los ojos con las manos, Anna rezó una plegaria en voz baja para recibir el shabat.

Sólo había un problema: era un miércoles por la tarde. En los hogares judíos, las velas del shabat tradicionalmente se encienden el viernes por la tarde. Cuando Olga pasó por el comedor del apartamento de Queens y vio a su madre encorvada sobre el resplandor de las velas, se quedó perpleja.

–Anu –dijo, la palabra húngara que significa «madre»–. ¿Qué sucede?

Anna alzó los ojos hacia su hija con la mirada vacía.

–Tengo un dolor de cabeza feo –le explicó, regresando lentamente a la sala de estar, donde se dejó caer en un amplio sofá–. Sólo necesito descansar un poco.

Pero Olga percibió que había algo que no iba bien. Cuando tocó la frente de su madre, tenía fiebre. Alarmada, llamó por teléfono a su hija Eva.

En aquella época, hacía poco más de dos años que Eva y yo estábamos casados. Yo era estudiante de cuarto año de medicina en el Cornell University Medical College –el hospital de Nueva York en Manhattan, que estaba justo frente por frente de nuestro apartamento–. Habíamos acabado de cenar y, mientras preparaba el café, oí que Eva conversaba preocupada con su madre sobre los síntomas de Anna. Entonces, de repente, me pasó el teléfono.

–Larry, mamá quiere conocer tu opinión.

Me sentí un poco angustiado. Para mis parientes, yo era el «médico» de la familia, la fuente irrecusable de sabiduría médica. No tenían ni idea de lo poco que sabía.

Sin embargo, cuando Olga me describió qué le sucedía a Anna, tuve elementos suficientes para aconsejarle que llamara inmediatamente a una ambulancia.

–Llévala a urgencias del hospital de Nueva York –le dije. Pensaba a toda velocidad: el hospital de Nueva York no sólo era un centro médico excelente, sino que sólo tenía que cruzar la calle y podría consultar con los médicos y valorar su estado.

–¿Crees que es necesario? –me preguntó Olga, algo nerviosa.

–Por supuesto –repliqué.

No tenía ni idea de qué era lo que le sucedía a la abuela de Eva, pero sabía que esa constelación de síntomas (el dolor de cabeza súbito, la desorientación y la fiebre) significaba «problema». Olga accedió a llamar una ambulancia. Puesto que su esposo Leo todavía no había llegado de trabajar, le dejó una nota en la que le pedía que se dirigiera al hospital.

Mientras tanto, yo llamé a urgencias para avisarles de la llegada inminente de Anna y enseguida crucé la calle con Eva para esperar la ambulancia en la entrada. Parecía que la ambulancia tardaba una eternidad –era la ciudad de Nueva York–, pero finalmente el vehículo apareció por la puerta de urgencias con las luces centelleando. Las puertas posteriores se abrieron de par en par y dos asistentes sacaron a Anna en una camilla; observé que, en aquel momento, tenía el rostro cubierto por una erupción de color rojo intenso. Los asistentes la entraron a toda velocidad en un cubículo de urgencias; Olga, Eva y yo los seguimos. Después de colocarla en una cama, un equipo médico la rodeó: el doctor Frank Parker, el médico de guardia, una enfermera y un interno joven llamado Francis («Tim») Weld. Dejaron a Olga al lado de su madre y el doctor Parker se giró hacia donde estábamos Eva y yo.

–¿Les importaría esperar fuera? –preguntó con educación, al tiempo que corría la cortina alrededor de la cama mientras hablaba.

Me ofendí. Ya sabía que era una tontería, pero no podía hacer nada. Como estudiante de cuarto curso de medicina, había hecho algunas rotaciones por la clínica y esperaba poder estar en las discusiones de los médicos sobre el caso de Anna. Intenté en vano descifrar los murmullos que me llegaban de dentro de la cortina. Un momento después vino Leo y le dimos la poca información que teníamos. Finalmente, tras una media hora que se nos hizo muy larga, los doctores Parker y Weld salieron del santuario que delimitaba la cortina acompañados por Olga.

–Todavía no estamos seguros de qué es lo que le pasa a la señora Roth –nos comentó el doctor Parker–, pero se encuentra en un estado realmente grave.

Utilizó un tono clínico, directo. Nos comunicó que tenía una temperatura de 40,5ºC, todo el cuerpo enrojecido y una presión sanguínea demasiado baja. Nos dijo que la ingresarían inmediatamente en la unidad de cuidados intensivos, y que la trataría el doctor Weld junto con un residente experimentado.

A continuación, habló el doctor Weld.

–Haremos todo lo que esté en nuestras manos para descubrir qué le pasa a su madre, a su abuela –dijo para tranquilizar, respectivamente, a Olga y a Eva. Alto, delgado y con el pelo rubio rojizo, el médico interno irradiaba una sensación de calma y seguridad que contradecía su juventud–. ¿Alguna de ustedes sabe si la señora Roth padece alguna enfermedad que la haya podido conducir a esta situación?

Olga le explicó que su madre era una superviviente de Auschwitz, donde la habían deportado durante la guerra desde su ciudad natal en Checoslovaquia, Humenne; también dijo que, después de un período de recuperación, Anna había gozado de una salud excelente, iba al mercado, preparaba la comida para la familia, leía con avidez y solía dedicarse a uno de sus pasatiempos favoritos: hacer calceta y ganchillo. Ninguno de nosotros imaginábamos cuál podía ser la causa de estos síntomas repentinos e inquietantes.

Poco después de que llevaran a Anna a la unidad de cuidados intensivos, el doctor George Harris, su médico, llegó para explorarla. Atractivo y con el pelo blanco, el traje gris oscuro de rayas y la corbata roja que llevaba le proporcionaban una figura imponente. Después de que el doctor Weld le hubiera resumido el cuadro, vino a la sala de espera para hablar con la familia.

–La señora Roth sigue con fiebre alta –dijo con brío–, y al llegar al hospital ha tenido un accidente vascular que le ha paralizado el lado izquierdo.

Además, explicó, el electrocardiograma estaba alterado, lo que significaba que probablemente también había padecido un infarto de miocardio. A continuación, dijo algo que no he olvidado nunca.

–Esta combinación abrumadora de problemas en una anciana de ochenta años apenas podemos tratarla –dijo con la voz revestida de autoridad–. Les sugeriría que se marcharan a casa para dormir. Si sucede cualquier cosa, sus médicos les avisarán.

Olga tenía el rostro muy pálido. El significado de aquellas palabras estaba bien claro: «Si sucede cualquier cosa» era un código que quería decir: «Cuando muera». Este médico decía, en realidad, que nuestra querida Anna era demasiado vieja y estaba demasiado enferma para esperar nada; sólo quedaba aguardar su declive progresivo y… la muerte.

Le vi hacer corrillo durante unos minutos con el doctor Weld y el doctor Phillips, el residente de último año, antes de marcharse hacia el ascensor. Tan pronto como desapareció, el doctor Weld se nos acercó deprisa, consciente de nuestra preocupación.

–No estoy seguro de por qué Anna Roth está tan enferma –dijo mirándonos a todos–, pero no pienso rendirme hasta estar absolutamente seguro de que no puede recuperarse.

Durante las horas que siguieron, sentados en la sala de espera medio entumecidos, vimos al doctor Weld entrar y salir de la UCI varias veces. Cada vez que salía, se acercaba a nosotros para decirnos algo. En un momento dado, nos explicó que Anna había entrado en coma. Quizás hubiese tenido un nuevo infarto, pero todavía no estaba seguro. Un poco más tarde nos dijo que él y el doctor Phillips habían decidido empezar a darle antibióticos de amplio espectro, porque era posible que algún tipo de infección grave pudiera explicar los síntomas que presentaba Anna. También le habían administrado algunos medicamentos que le aumentarían la presión sanguínea. Un poco más tarde, aquella misma noche, volvió a salir y nos dijo que le habían extraído sangre para hacerle un análisis con la esperanza de precisar el diagnóstico. Cada vez que el doctor Weld se acercaba para hablarnos, su voz se mostraba esperanzadora y amable, y al verle tratar a Anna de una manera tan diligente, realmente albergábamos cierta esperanza, aunque fuese muy pequeña.

Sin embargo, a medianoche estábamos totalmente exhaustos. Eva y yo decidimos regresar a nuestro piso y descansar un poco. Tratamos de convencer a Olga y a Leo para que se unieran a nosotros, pero insistieron en quedarse, acurrucados bajo una manta en un sillón, para tratar de descansar un poco.

Cuando me tumbé en la cama, cerré los ojos y traté de dormir. Pero fue inútil: pensaba en Anna, que yacía en coma justo al otro lado de la calle. Pensé en aquel médico experimentado de cabellos blancos que nos había comunicado que se trataba de una paciente sin esperanza y en el joven interno que no estaba tan seguro de ello. Mientras seguía pensando en Anna, que probablemente se estuviera enfrentando a la muerte, su vida extraordinaria y tumultuosa empezó a desfilar frente a mí.

Vi a Anna como una mujer joven y enérgica en Humenne, en su Checoslovaquia natal, en los primeros años del siglo XIX, ayudando a Morris, su esposo, a sacar adelante la próspera fábrica de vinagre. Tenían dos hijos: Olga y un muchacho que murió de fiebre reumática a los once años. Aunque se sintieron muy apenados por la pérdida de su hijo, Anna y Morris se consideraban profundamente bienaventurados por su dulce hija, la gran cantidad de amigos que tenían, su boyante negocio y su hogar grande y confortable.

Cuando Olga se casó con Leo y nació Eva en 1942, la joven familia siguió viviendo con Anna y Morris. Eva llamaba «Babi» a Anna, la palabra eslovaca que significa «abuela». Cada viernes por la tarde, toda la familia se juntaba en el comedor para dar la bienvenida al shabat judío. Tal como marcaba el ritual, Anna encendía las velas en su precioso candelabro de plata y decía una oración del shabat en voz baja. A continuación, la familia comía una copiosa cena que, a menudo, terminaba con un *babka* de chocolate casero, un pastel de café riquísimo, que era la especialidad de Anna. Mientras la familia conversaba y cantaba las canciones del shabat, las velas brillaban en el candelabro del centro de la mesa.

Pero la pacífica vida de la familia pronto se vio violentamente interrumpida. En 1938, los nazis invadieron Checoslovaquia. En pocos años empezaron a deportar judíos a los campos de trabajo. Leo, junto con los miembros de su hogar, logró una excepción porque los nazis decidieron que el negocio de la madera era necesario para contribuir a la guerra. A causa de su estatus especial, pudo obtener visados para varios miembros de su extensa familia, que emigraron a América. Pero la familia más cercana permaneció en Humenne porque a todos les habían hecho creer que la exoneración de Leo duraría indefinidamente.

Sin embargo, en 1944 se cancelaron abruptamente todas las exoneraciones. Olga y Eva consiguieron papeles falsos que las identificaban como cristianas y lograron esconderse con la ayuda de algunos amigos de la infancia de Olga, Geza y Klara Haytas. Antes de abandonar su hogar, enterraron el precioso candelabro de plata del shabat en el jardín de atrás para protegerlo de los nazis, con la esperanza de recuperarlo después de la guerra. Enseguida vino el desastre: la Gestapo vio a Leo en la calle y lo mandaron a Auschwitz en un camión de ganado. Poco después, Anna y Morris también fueron deportados a Auschwitz en camiones separados. Cuando Anna llegó al campo, le dijeron que su esposo, cuyo camión habían atestado de gente, se había ahogado y estaba muerto.

A Anna la pusieron inmediatamente en una fila. La «selección» en aquella fila la llevaba a cabo Josef Mengele, el conocido médico nazi; él decidía qué prisioneros serían conducidos a la cámara de gas y cuáles vivirían. Al percibir que Anna tenía un aspecto fuerte y saludable, la mandó a trabajar en la fábrica de munición del campo. Del mismo modo, a Leo le mandaron con una cuadrilla encargada de construir puentes y carreteras. Anna y Leo nunca se vieron en Auschwitz; ambos imaginaban que el otro había muerto.

Desde el alba hasta el anochecer, siete días a la semana, Anna trabajaba en el área de ensamblaje de la fábrica. Le daban poca comida –sobre todo, caldo claro y patatas– y dormía con cuatro o cinco prisioneros en una plataforma de madera áspera que hacía las veces de cama.

–Estaba decidida a sobrevivir –nos explicó en una ocasión–. Me mantuve viva pensando en Olga y la pequeña

Evitchka, y me decía a mí misma que quizás algún día las volvería a ver.

A comienzos de la primavera de 1945, Anna se puso gravemente enferma de tifus, una enfermedad causada por el microorganismo *Rickettsia prowazekii.* Muy contagioso, el tifus se da en cualquier lugar del mundo donde las personas se hacinen, en un contexto de mugre, pobreza y hambre. La enfermedad de Anna era un billete seguro para la cámara de gas. Pero la suerte intervino a tiempo: Europa fue liberada en abril de 1945. Inmediatamente se cerraron todos los campos de concentración y llevaron a Anna a un hospital de campaña del ejército estadounidense, donde le dieron antibióticos. Cuando salió del hospital, con un peso de 40 kilos, sólo tenía un pensamiento: «Tengo que buscar a mi familia».

Entre tanto, Olga y Eva habían sobrevivido la guerra a duras penas, con la Gestapo pisándoles los talones, mientras se desplazaban de un escondite a otro en Checoslovaquia y Hungría, guiadas por su buen amigo Geza Haytas. (Más tarde, cuando le pregunté a Geza por qué había arriesgado su vida por mi esposa y mi suegra, me dijo: «Joven, la buena vida empieza por trabajar duro y ayudar a los demás», una receta para la vida que nunca he olvidado.) Tras la liberación, Olga y Eva regresaron a su casa en Humenne; la encontraron totalmente saqueada por los nazis pero, afortunadamente, seguía en pie. Mientras Olga empezaba a trabajar para convertirla de nuevo en un hogar, se preguntaba si alguna de las personas que quería seguía viva.

Cada tarde, Olga y Eva iban caminando hasta la estación para esperar el tren que transportaba a los supervivientes de los campos hasta sus casas. Cada día aguardaban en la plataforma, esperando con impaciencia que descendiera alguno de sus parientes, y cada día se marchaban desilusionadas. Durante cuatro semanas, llevaron a cabo este ritual diario de esperanza y de desolación.

Por fin, una tarde nublada, cuando Olga y su pequeña hija estaban de nuevo en la plataforma de la estación observando cómo el tren se detenía, descendió una mujer anciana y encorvada. Al principio, Olga no la reconoció. ¿Quién era aquella mujer delgada y con el rostro grisáceo que avanzaba hacia ellas a paso lento? Enseguida la mujer dijo: «Olga, hija». Y Olga corrió hacia su madre.

–Anu, Anu –le dijo llorando mientras la abrazaba.

Luego Anna se arrodilló delante de Eva.

–Babi tiene algo para ti –le dijo mientras abría la maleta de cartón estropeada y sacaba algo envuelto en papel de periódico–. Para ti, pequeña Evitchka.

Cuando Eva desenvolvió el paquete, los ojos le brillaban. Era una muñeca, una exquisita, magnífica muñeca vestida con el traje de campesino eslovaco tradicional, con una falda azul, la blusa floreada y las mangas dobladas. Mientras Eva saltaba de alegría, Olga imaginaba lo que habría tenido que hacer su madre para conseguir aquella muñeca. ¿Por qué la habría cambiado? ¿Por una comida? ¿Una pieza de ropa caliente? Cuando Olga miró a su madre, las lágrimas caían por las mejillas de ambas.

Unas semanas más tarde, Leo descendió del tren, desnutrido, delgado, pero agradecido. Una tarde, poco después de su regreso, la familia se dirigió al jardín trasero con palas y buscaron un punto detrás del rosal. Juntos desenterraron el candelabro del shabat y lo volvieron a poner dentro de casa.

Pero aun después de la liberación, la guerra seguía pasando factura a la familia. Eva recuerda que tenía miedo de quedarse dormida, y sólo quería dormir en la misma habitación que su «Babi». Desde su litera, llamaba a Anna una y otra vez, para asegurarse de que su abuela seguía despierta.

–Estoy a tu lado, pequeña –le decía Anna. Y, en húngaro, añadía–: *Ne felej. Szeretlek.*[4]

Las palabras tranquilizadoras y la presencia protectora de su Babi permitían que Eva, finalmente, se durmiera.

Pero, una vez más, la paz de la familia duró poco. Los comunistas, que siguieron ocupando Checoslovaquia después de la guerra, requisaron las empresas familiares de madera y de vinagre. A Anna y Leo les dijeron que podían seguir llevando sus negocios, pero que ya no les pertenecían. En 1949, llegaron al límite: emigraron a Estados Unidos.

Se instalaron en Brooklyn con unos parientes. Una vez más, Anna, Olga y Leo lucharon para rehacer sus vidas, hicieron varios trabajillos, aprendieron inglés e intenta-

4. «No temas. Te quiero.»

ron adaptarse lo mejor posible a un continente y una cultura nuevos, apabullantes. Eva, que sólo tenía siete años cuando emigraron, todavía recuerda su regreso de la escuela al mediodía, cuando su abuela la recibía con una gran sonrisa y comida caliente. Mientras conversaba con Anna sobre qué significaba ir a la escuela en aquel lugar extraño, espantoso y emocionante llamado Estados Unidos, su abuela la escuchaba y la animaba. Cuando Eva estaba con Babi, todo parecía un poco más seguro, un poco más posible.

Abrí los ojos. Volvía a estar en el presente, tumbado sin dormir en la oscuridad y junto a Eva, de repente consciente de una sensación de tristeza abrumadora. Anna Roth, que se había enfrentado a los horrores de Auschwitz, había sobrevivido, había rehecho su vida en Checoslovaquia y, de nuevo, en Estados Unidos, ¿había llegado hasta aquí sólo para morir, quizás innecesariamente, en la cama de un hospital de Nueva York? Volví a pensar en las palabras del médico: «Es poco probable que podamos tratar su enfermedad». ¿Cómo se había podido rendir con tanta facilidad? Salté de la cama y me puse la chaqueta: tenía que regresar a la unidad de cuidados intensivos.

–Trata de descansar –le susurré a Eva, que miraba el techo–. Voy a ver cómo está Babi.

De nuevo en la sala de espera de la UCI, encontré a mis cuñados tal como los había dejado, Olga encogida bajo la manta y Leo tumbado sobre el sillón. Soñolientos, me informaron que habían entrado a ver a Anna un par de veces durante la noche; en ninguna de esas ocasiones había respondido y respiraba con dificultad. Precisamente en aquel momento salió el doctor Weld. Mientras se nos acercaba, recuerdo que pensé: «¿Qué está haciendo aquí, todavía? ¿Se ha pasado toda la noche velando a Anna?».

–He estado vigilando a la señora Roth toda la noche, y parece que está un poco mejor –nos dijo, respondiendo así mi pregunta silenciosa.

El doctor Weld siguió explicándonos que durante las últimas seis horas, la temperatura de Anna había descendido hasta 39,4ºC y su presión había subido a 100. La punción lumbar fue normal.

–Por el momento, quizá no sepamos qué le pasa –dijo, mientras nos aclaraba que no dispondría del resultado del análisis de sangre que le habían hecho hasta dos semanas más tarde–, pero soy optimista, aunque con cautela –añadió, poniendo una mano firme sobre el hombro de Olga.

Durante la semana siguiente, Anna continuó mejorando paulatinamente. Primero empezó a mover las extremidades, un signo claramente esperanzador en alguien que ha padecido un accidente vascular. Luego empezó a hablar, con palabras vacilantes y mascullada entre dientes. A medida que avanzaba la semana, vimos a muchos médicos entrar y salir de la UCI, pero era el joven doctor Weld quien mantenía un contacto directo con nuestra familia.

–Todos sus signos son positivos –nos explicó–. Nos sentimos animados.

Entonces, una tarde entramos en la habitación de Anna para visitarla, como cada día, y nos quedamos sorprendidos de verla sentada en una silla junto a su cama.

–¡Babi! –exclamó Eva, dibujando una enorme sonrisa–. ¿Cómo estás?

Anna estaba visiblemente contenta de ver a su nieta.

–Algo mejor, Evitchka –dijo con dificultad. Lentamente, alargó una mano hacia Eva, que se la cogió con sus dos manos, mientras miraba a su abuela como si estuviera presenciando un milagro.

Un poco más tarde, el doctor Weld vino y nos explicó que la temperatura de Anna había vuelto a la normalidad y que la presión y el pulso se mantenían estables.

–Confiamos en que pronto pueda caminar –dijo sonriéndonos.

Anna acudió a sesiones de fisioterapia en el hospital y, al cabo de tres días, ya podía andar con la ayuda de un bastón. En aquel momento, ya hablaba con frases más largas y claras. Doce días después de su ingreso en el hospital, le dieron el alta para que fuera a un centro de rehabilitación. Dos semanas más tarde, seguía mejorando poco a poco y volvió a casa. Moviéndose lentamente y apoyándose en el bastón, Anna entró por la puerta. «Otra vez en casa», dijo en voz baja.

Dos semanas después de que Anna recibiera el alta, encontré un mensaje en el cajón individual que teníamos los estudiantes; decía que el doctor Weld quería hablar conmigo. Cuando lo encontré fuera de la unidad de cuidados intensivos aquel mismo día, me recibió con una sonrisa de oreja a oreja.

–¿Es éste el futuro doctor Larry Levitt? –preguntó. Asentí, sin estar demasiado seguro de qué es lo que quería–. Larry –dijo–, parece que hemos resuelto el caso de la abuela de su esposa. Han llegado los resultados del análisis de sangre. Tenía la enfermedad de Brill.

Me explicó que la enfermedad de Brill es una forma de tifus recurrente que puede aparecer muchos años después de la infección inicial –incluso décadas más tarde–. Los síntomas de Anna (dolor de cabeza, fiebre alta, rubefacción e hipotensión) coincidían en gran parte con los del tifus. Había mandado una muestra de sangre para tratar de hacer un diagnóstico, pero no había tiempo para esperar los resultados: Anna requería empezar el tratamiento enseguida. De modo que el doctor Weld y el residente de último año decidieron tratar a Anna con cloranfenicol, un antibiótico de amplio espectro eficaz para tratar la enfermedad de Brill.

Asentí, a la vez intimidado por la sagacidad clínica del doctor Weld y rebosante de gratitud hacia él. Anna había padecido tifus en Auschwitz, casi veinte años atrás. Pero, ¿cómo podía saberlo ese joven interno? Nunca se lo pregunté directamente; me hubiera gustado hacerlo. Pero mirando hacia atrás, me imagino que cuando llegamos al hospital con Anna aquella espantosa tarde de miércoles, el doctor Weld había prestado especial atención cuando Olga le explicó que Anna era una superviviente de Auschwitz. Debió asociar sus síntomas con las condiciones en un campo de concentración –un medio ideal para que aparezcan brotes de tifus–, y pensó en la posibilidad de una infección recurrente. Mientras yo daba vueltas en la cama la noche en que Anna ingresó, ¿acaso él había ido a la biblioteca, sospechando esta posibilidad? Nunca lo supe. En cualquier caso, suponiendo esta hipótesis de la inspiración, había recetado a Anna un antibiótico eficaz contra el tifus, y luego se quedó allí toda la noche para vigilar su frágil situación. Mediante su habilidad, su capacidad de esperanza y su determinación perseverante, el doctor Weld simplemente había salvado la vida a Anna.

Tim Weld siguió adelante y fue jefe de los residentes del hospital de Nueva York; luego se lo conoció como uno de los mejores internistas de Manhattan. Dudo que sepa el profundo efecto que tuvo sobre mí, un joven estudiante de medicina que una noche llevó a la querida abuela de su esposa al hospital, desesperado, en busca de alguien que luchara por su vida. Lo que aprendí aquella noche es que algunos médicos estaban dispuestos a dejarla morir. Veían una mujer anciana y frágil que parecía imposible de tratar. «Les avisaremos», habían dicho. Pero el doctor Weld había dicho algo más. «Me quedaré aquí esta noche para intentarlo», nos había explicado.

Tim Weld me enseñó a no rendirme frente a un paciente; ni frente a los que están más graves. Naturalmente, hay excepciones. En los pacientes que están en la fase terminal de una enfermedad de Alzheimer o los que tienen un cáncer metastásico muy extendido, a menudo lo menos agresivo consiste en limitar los esfuerzos diagnósticos y terapéuticos, conseguir que el paciente esté lo más cómodo posible y dejar que la muerte llegue con dignidad. Pero en muchos otros casos, hacer el máximo esfuerzo para un paciente puede tener unos resultados notables. Especialmente frente a enfermedades agudas –aquellas en las que un día el paciente está sano y, al día siguiente, cae gravemente enfermo–, a menudo la situación es reversible. El ejemplo del doctor Weld me enseñó a recoger toda la información disponible, a pensar de manera creativa, hacer el mejor juicio posible, tener fe y no rendirme hasta que realmente no se pueda intentar nada más.

De esta crisis familiar, también aprendí que cada paciente es un individuo diferente, cada uno con su vida y su historia inestimablemente complejas. Demasiado a menudo vemos a nuestros pacientes como «la neumonía de la habitación 52» más que como «Sara Jones, que tiene neumonía». Por su parte, Anna Roth era una mujer encantadora y valiente que se pasó la vida superando retos con agallas y fuerza moral. Era la querida «Anu» de Olga y la adorada «Babi» de Eva, una mujer que inspiró a su familia el ser perseverante frente a las circunstancias humanas más desgarradoras. Merecía la oportunidad de vivir.

Y vivió, sí, durante diez años más. Anna vio nacer a tres bisnietos por parte de Eva y mía, y siguió disfrutando de su lugar en el corazón de la familia, cocinando aquellos deliciosos platos, haciendo jerseys de lana para los niños y disfrutando en vacaciones. Cada año, durante el Rosh-

Hashana, el Año Nuevo judío, se sentía especialmente orgullosa al encender las velas de la fiesta junto con Olga y Eva, utilizando el mismo candelabro de plata que había guardado tantos años antes en Europa, que había enterrado en un agujero profundo y luego había desenterrado como símbolo de la familia. Eva todavía recuerda a su Babi explicándole: «Algún día, Evitchka, el candelabro será tuyo». Hoy se encuentra en nuestra sala de estar, sobre el piano. Cada viernes por la noche, cuando lo encendemos, al ver las luces temblorosas de las velas, pensamos en Anna y sentimos su presencia.

Epílogo

Mientras escribía este capítulo me preguntaba si su héroe, Tim Weld, estaba vivo y se encontraba bien. Descubrí que sólo había un Francis (Tim) Weld en el directorio de internistas estadounidenses, un cardiólogo de la Universidad de Columbia en Nueva York. Llamé al número que había en la lista y le expliqué a su secretaria quién era y por qué llamaba. El doctor Weld me devolvió la llamada y me explicó que recordaba muy bien el caso de Anna Roth; se había casado con la estudiante de enfermería que había cuidado de Anna en el hospital de Nueva York. Quedamos para cenar en Nueva York con nuestras esposas y ponernos al día sobre los últimos cuarenta años. Fue una velada maravillosa.

Bailar en el aire

El vehículo Ford pintado de naranja y blanco brillante avanzó pesadamente por el aparcamiento del restaurante Allen Family. Sobre el capó llevaba escrita la palabra «aicnalubmA» con grandes letras rojas fluorescentes, de manera que los demás conductores pudieran identificarlo claramente como una ambulancia al mirar por el retrovisor. A las ocho de la mañana, el sol de agosto ya calentaba y había envuelto la ciudad de Allentown en una especie de bolsa de plástico de calor y humedad.

–Recuerdo cuando las ambulancias eran Cadillac V-8 –dijo Bill, el conductor, mientras buscaba una plaza libre. Con el pelo gris cortado al rape y rasgos cincelados, tenía la apariencia y el porte de un ex marine–. Ésos eran buenos tiempos, cuando te metías por la autopista a 190 por hora y te jugabas la vida –recordó–. Estas latas de ahora sólo son camionetas venidas a más.

–Tienes toda la razón –replicó Jerry con una sonrisa maliciosa en el rostro. Veintiocho años y enjuto, un fajo de nervios y energía, parecía más el hijo de Bill que su compañero–. De todas maneras, esa época de los Cadillac largos y de arrodillarte para hacer una resucitación cardiopulmonar no pertenecen a mi época; eso es de mucho, *mucho* antes. ¿Cuándo era eso, en 1902?

–¡Cállate! –respondió Bill–. Comamos algo.

Los dos hombres habían estado despiertos casi toda la noche. Había habido tres llamadas de emergencia por dolor en el pecho y ataques cardíacos, una llamada por traumatismo de un anciano que quedó inconsciente tras caer por la escalera y, finalmente, el transporte de una mujer del hospital a la residencia. Ahora, por fin, con el trabajo terminado, Bill y Jerry estaban cansados y, sobre todo, muy, muy hambrientos. Todavía con sus monos de color azul y naranja, se dirigieron al restaurante, se sentaron en su mesa habitual y cogieron los menús de plástico para elegir su comida.

No sé por qué seguimos mirando esto –dijo Jerry secamente, mientras cerraba la carta de golpe–. Siempre pido la tostada con sirope y toneladas de mantequilla, y tú siempre comes la tortilla campesina con bacon. ¡Pidamos, pues!

Milly, su camarera, ya les estaba sirviendo el café cuando se fijaron en una mujer bien vestida de unos ochenta años que se levantó de la mesa y se dirigió a la caja registradora para pagar la cuenta.

–Buenos días, señor –dijo guiñando el ojo al pasar junto a su mesa.

Bill y Jerry la saludaron y se dirigieron de nuevo a Milly, que les estaba poniendo la leche en el café.

–Mira, Milly –empezó Bill–, creo que querré…

–… la tortilla campesina y, Jerry, la tostada –cortó Milly–. Ya he hecho el pedido en cuanto he visto que entraba la ambulancia –añadió con una sonrisa–. Regresaré con vuestro desayuno en un par de minutos.

Con mirada ausente, Bill tenía los ojos fijos en la ventana mientras la anciana que acababa de salir del restaurante se dirigía hacia su Buick Electra modelo 1988 de color amarillo mantequilla, que brillaba como si estuviera acabado de lavar y encerar.

Dirigió su atención hacia Jerry.

–De modo que ahora que llevas un año casado, la luna de miel se acabó, ¿no? –le preguntó Bill burlándose–. No, en realidad conozco la respuesta –rió–. Todavía llegas a trabajar cada mañana con una sonrisa de oreja a oreja, mientras que el resto llegamos arrastrando el culo y buscando la cafetera.

–Eso es porque *me gusta* mucho el trabajo –respondió Jerry con una risotada.

Justo en ese momento, el Buick Electra se puso en marcha rugiendo. Cuando Bill y Jerry miraron, las ruedas traseras giraban furiosamente sobre el pavimento hasta que el automóvil salió disparado hacia atrás y golpeó la ambulancia que estaba estacionada justo detrás. La tapa del maletero se levantó y el automóvil se caló, pero la mujer que estaba detrás del volante lo volvió a poner en marcha enseguida, esta vez acelerando hacia adelante, saltó por encima del bordillo y chocó con un viejo roble centenario.

Bill y Jerry se miraron boquiabiertos. Justo cuando Milly salía por las puertas de vaivén de la cocina con los desayunos calientes, los dos hombres dejaron sus tazas de café y se precipitaron hacia la puerta.

* * *

A los ochenta y seis años, Irene Polosky gozaba de buena salud, estaba sola y vivía todo lo que vale la pena vivir de la vida. Era voluntaria en su iglesia, organizaba las meriendas del barrio y las fiestas, y le encantaba bailar en el salón de la comunidad cada viernes por la noche. Tenía trece nietos de edades comprendidas entre los siete y los veintiuno, y era capaz de explicar el detalle más ínfimo de cada uno de ellos… a menudo antes de que le preguntaran. Y todavía más, dominaba Internet y le gustaba tener al mundo en la punta de los dedos, bien fuera mandando correos electrónicos a los nietos que estaban más lejos, comprando novelas en línea o buscando destino para sus viajes de las próximas vacaciones. Pero, sin duda, su actividad favorita era el baile. En las sesiones del centro, bailaba tango, chachachá, Lindy, vals y polka. A causa de sus orígenes polacos, Irene tenía debilidad por la polka, pero los bailaba todos con entusiasmo, girando con gracia por el salón como cualquiera que tuviese la mitad de su edad.

La mañana en que Irene disfrutó de su maravilloso desayuno a base de huevos y bacon en el Allen, tenía planes para ir a comprar aprovechando las rebajas de verano en las tiendas del centro de la ciudad. Había entrado en el

Buick Electra y girado la llave cuando... sucedió algo. No estaba demasiado segura de qué había sido. De repente, la mente se le nubló. Además, cuando miró por el retrovisor, le pareció que veía raro. Sólo podía ver la mitad del espejo –¿dónde estaba la otra mitad?– y tenía la cara torcida y decaída. También notaba que tenía la parte izquierda del cuerpo atontada, le pesaba mucho, como si alguien se le hubiera sentado encima. Horrorizada, Irene puso marcha atrás y pisó el acelerador. Notó un golpe súbito y luego, por algún motivo extraño, el maletero se abrió y el coche se caló. Volvió a ponerlo en marcha, esta vez en primera y acelerando fuerte. Pero el Buick iba demasiado deprisa porque ahora apareció un árbol estúpido creciendo encima del capó, salía humo del motor y todo olía a goma quemada.

Irene estaba segura de que tenía que salir del automóvil, pero el problema era que no podía encontrar su brazo izquierdo. Pensó que quizás estuviese enganchado con el cinturón de seguridad. Empujando la puerta para abrirla, se desabrochó el cinturón con la mano derecha e inmediatamente saltó fuera del coche y se golpeó la cabeza con el pavimento mientras los pies le quedaban atrapados en la puerta.

Todavía consciente, Irene pensó en el aspecto indigno que debía de tener. ¿Qué pensarían sus nietos?

Justo en aquel momento llegaron dos hombres con uniformes de colores brillantes que la levantaron amablemente. Un joven enérgico le tomó las constantes vitales mientras su compañero, un atractivo hombre de mediana edad que se presentó como Bill, le sonrió para tranquilizarla.

–Trabajamos para la Allentown Ambulance Company y nos ha parecido que tenía algún problema, señora –dijo Bill–. ¿Podría decirnos cómo se llama y cuántos años tiene?

–¡Claro! Soy Irene Polosky y tengo ochenta y seis años –dijo, sorprendida de escuchar su propia voz, que sonaba muy diferente, como un vozarrón de borracho–. Ha sido un placer conocerlos, pero me siento bien, de verdad. Por cierto, ¿cómo han podido llegar tan rápido? –preguntó Irene.

Jerry y Bill intercambiaron una sonrisa, conscientes de los ronquidos de sus barrigas, el café caliente, la tostada, los huevos y el bacon que se estaban enfriando sobre la mesa.

–Señora Polosky, tenemos que llevarla al hospital enseguida –dijo Bill–. Creemos que ha tenido una apoplejía.

–¿Una apoplejía, dice? –dudó Irene–. ¿Esto no es cuando tienes parálisis en un brazo o una pierna? Jóvenes, yo no tengo ninguna parálisis. Simplemente me he caído al salir del coche.

Pero Jerry ya había ido a buscar la camilla con ruedas en la parte posterior de la ambulancia. En pocos minutos, los hombres la pusieron en la ambulancia, la cubrieron con mantas, la fijaron a la camilla y le colocaron una máscara con oxígeno al cien por cien. Cuando estuvo dentro de la ambulancia, Jerry se apresuró a poner una solución intravenosa de sodio y agua en el brazo izquierdo de

Irene, con la esperanza de que la solución salina la ayudase a disolver el coágulo sanguíneo que probablemente le había taponado una arteria.

Mientras tanto, Bill cogía el volante, encendía el interruptor de las sirenas y las luces intermitentes. En cuanto aceleró en la calle, conectó la radio y llamó al servicio de urgencias del hospital Lehigh Valley; enseguida lo comunicaron con el médico de guardia:

–Traemos una mujer de ochenta y seis años con un accidente vascular cerebral agudo.

* * *

Mi mañana en el hospital había empezado como cualquier otra.

–Doctor Castaldo, su reunión de las siete será en el despacho del doctor Payne –me dijo la secretaria cuando entré en mi consultorio a las 6:58 con una taza de Starbucks en una mano y una abultada cartera en la otra.

Después de esta reunión matinal con mis compañeros para discutir nuestros casos, me esperaba un día apretado. Tenía que visitar a unos veinte pacientes, lo que significaba revisar las radiografías y los análisis de sangre, explorarlos en la camilla, escribir mis notas en la historia clínica y elaborar un tratamiento adecuado para cada uno de ellos. Además, estaban las clases en la cabecera de los pacientes con los residentes y los estudiantes, y también las llamadas de los familiares de los pacientes, para proporcionarles las noticias diarias sobre la evolución de sus seres queridos. Este volumen de trabajo me agotaba un poco, pero me repetía a mí mismo que mientras no sucediera nada inesperado, sería capaz de seguir el horario previsto y terminarlo todo.

Ya llevaba un tercio de mi ronda de visita, cuando escuché el ring característico del teléfono móvil rojo que llevaba en el bolsillo de mi bata blanca. Mientras miraba nervioso el reloj, respondí. Justo entonces el buscapersonas se disparó; me lo saqué del cinturón para leer el mensaje: «Alerta de ictus 15 minutos». El corazón me dio un vuelco. Sabía que diagnosticar y tratar un accidente vascular cerebral podía requerir unas cuantas horas, y que cuando hubiese terminado todo mi trabajo y llegase a mi casa, ya me habría perdido la cena con los niños… una vez más.

Mientras respondía la llamada de alerta de ictus, me pareció escuchar todas las alertas saltando por el hospital, las de los técnicos del TAC, el radiólogo de guardia, los residentes de la unidad de cuidados intensivos, los técnicos del laboratorio de análisis y el personal de enfermería del equipo de ictus. ¡Vaya una que nos esperaba!

–Castaldo –ladré al teléfono.

–Hola John, soy Rick, de puerta –tenía una voz demasiado animada para la noticia que sabía que me iba a dar–. Alerta de ictus en camino. Una historia loca. Al parecer los conductores de la ambulancia estaban desayunando en el Allen cuando vieron como una anciana de ochenta y seis años se caía en el aparcamiento. Parece que ha tenido un accidente vascular cerebral importante hace quince minutos. Llegará dentro de poco. Seguramente es una buena candidata para tu disolvente de coágulos, el tPA.

–Uf, no lo sé, Rick –dije dubitativo–. Ochenta y seis años significa que ya está en el límite para utilizar tPA.

El activador del plasminógeno de los tejidos o tPA, tal como comentamos en el caso del heeler azul australiano (página 108), es un fármaco aprobado por la Food and Drug Administration para el tratamiento del accidente vascular cerebral; es un trombolítico potente, pero, en aquella época, todavía no se había probado en pacientes mayores de setenta y nueve años. Este fármaco también destacaba por su elevada tasa de complicaciones: un 6% de los pacientes tratados presentaban hemorragia cerebral incontrolable, a menudo mortal.

–John, la decisión es tuya –respondió Rick–. Sea como sea, esperamos que llegue antes de que haya transcurrido media hora desde el inicio de los síntomas.

En cuanto colgué, me excusé de la ronda de visita y bajé directamente a urgencias. Cuando me acerqué a la puerta, donde estaba a punto de llegar la paciente, Claranne y Joanne, dos experimentadas enfermeras de la unidad de ictus, ya estaban llamando a la farmacia, a la unidad de TAC y al laboratorio de análisis para asegurarse de que habían recibido la alerta. Formábamos una maquinaria bien engrasada; a pesar de ello, percibí la tensión en los músculos de la nuca. Al cabo de pocos minutos, estaría frente a una mujer de ochenta y seis años a quien tendría que pedirle permiso para inyectarle un medicamento en la vena que podía revertirle su parálisis de manera espectacular y salvarle la vida, pero que también podía matarla en un abrir y cerrar de ojos.

Unos minutos más tarde, Jerry y Bill entraron arrastrando la camilla de Irene. Estaba abrigada como un recién nacido y tenía el rostro rosado por haber estado respirando oxígeno suplementario. A los pocos segundos tenía un montón de manos encima. La trasladaron de la camilla de ruedas a la camilla del hospital. Después de presentarnos, las enfermeras empezaron a desnudar a Irene y le pusieron una bata; a continuación, le pincharon en la vena para tener una vía accesible y le colocaron una sonda de Foley que la ayudaría a controlar el flujo de orina. A la vez, le extrajeron sangre de una vena del antebrazo y la mandaron analizar.

Me acerqué a ella.

–Señora Polosky, me llamo Castaldo –dije–. Soy el neurólogo que cuida de las personas que tienen una parálisis súbita como la suya.

–Encantada de conocerlo, doctor Castaldo –sonrió Irene con sus formas educadas, que parecían raras teniendo en cuenta su habla tartamuda–. ¿Tengo una apoplejía?

–Bueno, vamos a averiguarlo –le respondí.

Irene era una mujer hermosa que aparentaba ser mucho más joven de lo que era. Parecía un ángel de madera, con su pelo blanquecino, los ojos azul oscuro y un cutis radiante que sólo tenía algunas arrugas de tanto reír. Al explorarla descubrí que tenía el lado izquierdo de la cara bastante paralizado y que no veía con el ojo izquierdo. También tenía el brazo y la pierna izquierdos paralizados, y era incapaz de sentir nada en el lado izquierdo del rostro y del torso, ni en el brazo y la pierna de ese lado.

–¿Entonces? –preguntó.

–No –respondí–. Intente mover la mano izquierda. –Se la cogí y la coloqué con suavidad sobre la barriga.

–Bueno, ese brazo no es mío –replicó algo enojada.

–¿Y de quién es, Irene? –pregunté.

–Vaya, vaya, doctor Castaldo, está bromeando conmigo –balbuceó–. Ése es *su* brazo.

Con cuidado le giré la cabeza de manera que pudiese seguir su brazo hasta donde se juntaba con su cuerpo.

–Irene, ¿ve que es su brazo? –pregunté.

–Bueno, pues supongo que debe de ser mío. Pero no lo sé… –explicó algo confusa.

–De acuerdo –repliqué–. Ahora que ve que es su brazo, ¿puede moverlo?

–Por supuesto –asintió con seguridad.

–De acuerdo, pues demuéstremelo.

Entonces, Irene se cogió el brazo paralizado con la mano derecha y lo movió arriba y abajo para verificar que funcionaba correctamente.

El brazo izquierdo colgaba de su mano derecha como si se tratara de un pescado suspendido de una caña.

Entonces, supe, sin ningún tipo de duda que Irene había padecido un accidente vascular cerebral producido por un coágulo de sangre que se había desprendido del corazón y le taponaba una de las arterias cerebrales. Sólo un accidente vascular cerebral puede provocar el tipo de pérdida súbita de la función motora en un solo lado del cuerpo que padecía Irene.

Tenía un ojo en el reloj. Ya hacía cuarenta y cinco minutos que había empezado la apoplejía y poco a poco iba estrechándose nuestra ventana de tiempo para poder tratar a Irene. Me imaginé la parte derecha de su cerebro muriéndose a causa de la falta de riego sanguíneo, consumiendo su vida ante mí, mientras conversábamos tranquilamente sobre sus síntomas. Noté la abrumadora presión del tiempo. Si había que salvar a Irene, tenía que actuar rápido. *Ahora.*

Me arrodillé para poder hablarle a la altura de los ojos y empecé a pensar cómo trataría de explicarle «el problema» en palabras sencillas.

–Señora Polosky, tiene un coágulo que le ha provocado una embolia; es una situación grave –le dije, tratando de mezclar apropiadamente la urgencia con la imperturbabilidad.

De repente, me vino la imagen del astronauta Jim Lovell que, durante la misión *Apollo 13*, tuvo suficiente calma para llamar a la base y decir: «Houston, tenemos un problema», mientras veía cómo la nave matriz quedaba inutilizada por una explosión en el espacio.

–La embolia le ha paralizado todo el lado izquierdo del cuerpo –proseguí–, y eso le ha provocado una situación que llamamos anosognosia, que incluso le impide reconocer su grado de parálisis. –Tomé aire y, a continuación, me lancé–. Existe un medicamento que podría disolver ese coágulo –le expliqué–, pero, la verdad, es arriesgado. Podría provocarle una hemorragia cerebral masiva mientras tratamos de ayudarla. Este fármaco, que se llama tPA, normalmente se administra a pacientes más jóvenes que han padecido una embolia.

Miré el rostro confiado y abierto de mi paciente. Me había hecho el propósito de ser totalmente sincero con ella.

–Irene –le dije–, me preocupa darle este medicamento.

Irene me miró fijamente a los ojos. Percibí que emanaba tranquilidad y, además, que esa paz se me contagiaba. Durante un instante simplemente nos miramos el uno al otro, respirando al unísono.

–Bueno, doctor Castaldo, le agradezco mucho que esté aquí –dijo, al fin–. Sé que preferiría estar muerta que quedarme paralizada de medio cuerpo. –Sus ojos azul oscuro continuaban fijos en mí–. Tengo toda mi fe en usted. Sé que puede ser un tratamiento arriesgado, pero quiero intentarlo.

Mientras yo todavía dudaba, se me acercó y se movió un poco para poner su boca cerca de mi oído.

–¡Deme ese fármaco! –murmuró convencida.

Mientras me levantaba tratando de procesar la enormidad de su consentimiento, volví a ver esa mirada calmada y confiada en la cara de Irene. Debí de haberme quedado con la mirada fija, porque entonces ella me dedicó una sonrisa amable pero torcida, y me guiñó el ojo derecho con una mueca exagerada por su parálisis.

–¡TAC a punto! –gritó Claranne desde fuera de la habitación–. Venga, venga, venga, ¡*ya*!

–Irene, terminaré de explorarla en un momento –le expliqué–. Primero la pondremos en una máquina que se llama TAC, para poder hacerle algunas fotografías del cerebro.

–Bueno, ya sé qué es un TAC –susurró con dificultad–. Me hicieron uno de la espalda hace algunos años, y luego mejoré mucho. Era un tirón muscular. De acuerdo, pues hasta luego –añadió diciéndome adiós con la mano derecha mientras la enfermera se la llevaba.

Hacía sesenta minutos desde que había tenido el accidente vascular. Ahora ya había colocado todas las piezas del rompecabezas. Al tomarle el pulso, me había dado cuenta de que Irene tenía una alteración del ritmo cardíaco llamada fibrilación auricular, que revela la tendencia a acumular coágulos en la aurícula izquierda del corazón. Al marcharse del restaurante, sin ninguna razón aparente, uno de esos coágulos le había salido del corazón tal como lo hace una bala de una pistola, hasta alojársele en el lado derecho del cerebro, donde le taponaba una arteria importante. (El lado derecho del cerebro mueve la parte izquierda del cuerpo.) La mitad del cerebro de Irene se estaba muriendo a causa de la falta de sangre y de oxígeno, y los déficits neurológicos serían permanentes –y posiblemente mortales– si no actuábamos deprisa. El único tratamiento aprobado para esta situación crítica era el tPA.

En aquel momento el buscapersonas me avisaba desde la unidad del TAC. Era Claranne.

El mensaje decía: «¡Está creciendo. Ven ahora mismo!».

Corrí hasta la sala del TAC en el servicio de radiología. Mientras le terminaban de hacer el escáner cerebral, súbitamente Irene perdió el conocimiento y empezó a convulsionar mientras todavía se encontraba en el interior del aparato. Cuando llegué, las extremidades continuaban moviéndose adelante y atrás, tenía la cara contraída y estaba cubierta de espuma porque se había mordido la lengua. Nos apresuramos a sacarla de aquella máquina.

–Dale dos miligramos de loracepam y empieza a pasarle un gramo de fenitoína –ordené.

El loracepam es un medicamento que detiene las convulsiones inmediatamente, pero sus efectos duran muy poco tiempo. La fenitoína actúa más lentamente, pero evita que las convulsiones reaparezcan, de modo que utilizar los dos fármacos de manera secuencial, suele ser bastante eficaz.

–El loracepam ya está –anunció Joanne, quitando el capuchón de la aguja y empujándola en el catéter de administración endovenosa–. Tenemos que llamar a farmacia para la fenitoína.

Claranne descolgó el teléfono y pidió fenitoína mientras llevábamos a Irene de nuevo hacia urgencias.

–Bueno, se acabó la discusión del tPA –comentó Claranne abatida–. Ya sabéis que con convulsiones no se puede dar tPA y, por si fuera poco, la mujer tiene ochenta y seis años.

–Espera un momento –dije mientras acompañábamos a Irene por el pasillo–. Me preocupa la edad de la señora Polosky, pero no que haya tenido convulsiones.

–¿Quieres administrar tPA para un ictus después de que haya tenido una *convulsión*? –preguntó Claranne con voz incrédula.

Entendía su preocupación, pero conocía bien los estudios publicados. Le expliqué a Claranne que en los ensayos clínicos, nunca dieron tPA a personas que hubiesen padecido convulsiones porque los investigadores no querían que ningún factor pudiera enmascarar los resultados. No es que una convulsión pusiera a los pacientes en mayor riesgo de sangrado, sino que las convulsiones pueden imitar un accidente vascular cerebral. Los investigadores querían estar seguros de que todos los pacientes del estudio hubieran padecido realmente una embolia antes de administrarles un fármaco de riesgo elevado como el tPA. A pesar de todo, sabía también que estaba patinando sobre una capa de hielo muy delgada. Razoné en voz alta que no tenía ningún sentido no hacerlo, más cuando sabíamos que se trataba de una embolia importante y en evolución, y que, si no dábamos ese medicamento, las consecuencias podían ser catastróficas. Me miré el reloj, recordando el momento en el que habían empezado los síntomas. Todavía nos encontrábamos en la ventana de tres horas, en la que el fármaco era eficaz.

–Estoy convencido de que Irene ha tenido un gran accidente vascular cerebral y que puede morir –le aseguré a Claranne.

–TAC normal –gritó Joanne–. Acaban de llamar de radiología.

Enseguida me acerqué al ordenador y busqué las imágenes digitales en la pantalla para estudiarlas yo mismo, corte a corte. El cerebro parecía normal, pero por los síntomas de Irene sabía que un lado se estaba muriendo. Sencillamente, era demasiado pronto para que un TAC detectara la lesión. Sabía que al día siguiente la mitad del cerebro de Irene sería negra y estaría hinchada. También sabía que la hinchazón seguiría aumentando, hasta alcanzar un pico a las cuarenta y ocho horas. Al tercer día sin tratamiento, había una enorme probabilidad de que Irene estuviese muerta.

–El TAC ha descartado tumor cerebral y hemorragia –expliqué–. Las analíticas parecen correctas. Y tengo su consentimiento para tratar –suspiré–. Creo que allí vamos –de nuevo recordé el control de la misión de Houston antes de lanzar el cohete un día frío–. ¡Pongamos el tPA y veamos qué sucede! –exclamé con voz firme que delataba cierta impaciencia.

Estaba pensando «Torpedos fuera, avance a todo gas», y esperaba que mi bravuconería fuera de la mano de un razonamiento sólido.

No había ningún familiar con quien hablar. Irene vivía sola y todavía no habíamos localizado a sus parientes. En cualquier caso, no podíamos perder tiempo. En aquel momento la fenitoína ya había llegado de la farmacia y el equipo de enfermería estaba ajustando los tubos para bombear el medicamento en la vena del brazo izquierdo de Irene. Unos minutos más tarde, también llegó el tPA de la farmacia. Percibí que Irene se estaba recuperando de la convulsión. Era ahora o nunca.

Despacio y con cuidado, empujé la aguja por la palomilla intravenosa que tenía en el brazo derecho y empujé el émbolo de una jeringa llena de tPA. Yo mismo hice una mueca esperando el desastre. Mientras guiaba el medicamento hacia el interior del cuerpo de Irene, era muy consciente de que estaba poniendo a mi paciente en riesgo de muerte, un riesgo que era mayor que el de una cirugía a corazón abierto. Me imaginé el medicamento actuando como un desatascador en una cañería. O bien disolvía el coágulo de la cañería embozada, o hacía un agujero en el centro, provocando una hemorragia cerebral masiva y la muerte. Recé para que aconteciese lo primero.

Al encorvarme sobre Irene para observar sus signos vitales, fui consciente de esa extraña sensación de tranquilidad. Todavía oía su susurro confidente en mi oído: «Deme ese medicamento». Volví a ver la mirada de sus ojos, la mirada de serenidad profunda e inquebrantable que sólo puede surgir de una gran fe. Me sentí humilde al saber que ese brinco de fe era hacia mí, un perfecto extraño que tomaba decisiones rápidas bajo presión que podían cambiarle la vida… o quitársela.

Sabía que ésa era precisamente la esencia de la medicina: nuestra mejor sospecha, basada en la investigación disponible, nuestra propia experiencia y lo que sabíamos de un paciente determinado. No es más que eso, ni menos que eso. Escoger un tratamiento determinado requiere fe –a veces una fe enorme y el jugarse el todo por el todo–, tanto por parte del médico como del paciente.

Trasladamos a Irene a la unidad de cuidados intensivos y pedí una ecografía para comprobar cómo tenía las arterias y el cerebro. La prueba, llamada ecografía Doppler transcraneal, a menudo puede detectar inmediatamente el éxito logrado por el tPA para deshacer un coágulo de un vaso cerebral.

Seguí mirando a Irene de cerca, buscando signos de empeoramiento. No hubo más convulsiones. Parecía estar grogui y cansada, pero ni mejor ni peor que cuando la vimos por primera vez.

Cuando llegó el aparato de ecografía, tomé los mandos: quería ver los resultados con mis propios ojos. Una prueba relativamente moderna, el Doppler dispara una onda de ultrasonidos de baja frecuencia concentrada a través del cráneo hacia la arteria bloqueada, lo que permite que el médico valore allí mismo los efectos del tratamiento. En pocos segundos localicé la arteria problemática en la pantalla del ordenador. Pude ver que el vaso se había desbloqueado y que la sangre y el oxígeno empezaban a fluir de nuevo en el sufrido cerebro derecho de Irene. ¡El tPA funcionaba!

La noche pasó bien. Toleró el fármaco y los líquidos que le transfundimos, y cuando la vi durante el turno de visitas de la mañana siguiente parecía mucho más fuerte. Con esfuerzo, podía levantar el brazo y la pierna izquierdos de la cama. Pero ya no me reconocía y, a veces, parecía desorientada y agitada.

El TAC de seguimiento confirmó que había padecido un accidente vascular cerebral masivo en el hemisferio derecho de su cerebro. Eso explicaba esa desorientación inicial, puesto que el cerebro derecho todavía estaba un poco hinchado por la embolia. Pero las buenas noticias eran que entre las áreas de «infarto cerebral», de tejido muerto, había islas de tejido normal, vivo. La mayor parte del cerebro se había salvado a causa del reflujo de sangre en el tejido moribundo. La tPA, ese fármaco milagroso, a pesar de sus riesgos, había hecho su trabajo. Había deshecho un coágulo en una arteria completamente taponada que suministraba sangre a todo su hemisferio cerebral derecho, de modo que iba recuperando fuerza en el lado izquierdo del cuerpo.

Al cuarto día, la hinchazón había desaparecido e Irene había recuperado su agudeza mental. Pero cuando la visité aquel día durante el turno me miró con aire acusador.

–Pensé que me había dicho que el fármaco me iba a mejorar por completo –dijo–, ¡pero no fue así!

Su voz parecía muy decepcionada. En aquel momento el lado izquierdo de Irene estaba recuperando la sensibilidad y la motricidad, pero tanto el brazo como la pierna todavía estaban débiles y era incapaz de andar sin ayuda.

–¡No puedo funcionar así! –me dijo enojada.

–Lo sé, Irene –le dije amablemente–. Es demasiado pronto para valorar hasta qué punto la recuperación será completa.

Mientras me miraba, vulnerable y avergonzada al mismo tiempo, me sentí naufragar en un mar de dudas. Hacía casi una semana que Irene estaba en el hospital. Era anciana. El fármaco no había llegado a sus venas por lo menos hasta cien minutos después del inicio de los síntomas. Quizás hubiera podido actuar más deprisa. De haberlo hecho, quizás ahora Irene estaría totalmente recuperada y no estaríamos discutiendo. Mentalmente, revisé los estudios sobre tPA publicados. Sabía que las personas que habían recibido este medicamento menos de dos horas antes de los síntomas de la primera embolia tenían una probabilidad de recuperación excelente. Pero la recuperación completa no se mide en horas ni en días, sino en meses: tres meses, en realidad. Además, muchos pacientes nunca se recuperan, incluso a pesar de haber utilizado el fármaco.

Entonces, me oí a mí mismo decir algo que estaba totalmente en desacuerdo con las resonancias pesimistas de mi mente. Ciertamente, no sé de dónde salieron esas frases; fue como si alguna persona o alguna fuerza estuviera hablando a través de mis labios.

–Recuerde mis palabras, Irene –dije con una voz fuerte y segura–. Con los días estará mucho, mucho mejor. Si puedo hacer una previsión, dentro de tres meses bailaremos una polka en mi consultorio.

Me miró en silencio. ¿Qué estaba pensando? ¿Que probablemente tenía razón? ¿Que me lo creía demasiado? ¿Que la había engañado y que no volvería a creerme nunca más? A partir de su expresión inescrutable, no se podía deducir nada.

Aquella tarde trasladaron a Irene en ambulancia hasta un centro de convalecencia cercano. Pasaron las semanas y yo me mantuve ocupado con los problemas habituales de la práctica médica. No tuve ninguna noticia de ella por lo menos durante un mes, hasta que me di cuenta de que tenía una visita de seguimiento programada. No tenía ni idea de cómo había evolucionado, aunque había pensado en ella a menudo, con una mezcla de afecto y preocupación.

Exactamente a las tres de la tarde, Irene llegó para su visita. Cuando la vi, simplemente me quedé boquiabierto. Puesto que normalmente se tardan tres meses en recuperarse totalmente de una embolia, esperaba verla aparecer en silla de ruedas o, por lo menos, apoyándose con un andador. En lugar de eso, llegó caminado tranquilamente por su propio pie, con un bastón colgando del brazo, como si fuese un bastón de caramelo en un árbol de Navidad. Llevaba una bonita falda roja y una blusa de color nata con un cuello de volantes. Sin más preámbulos, vino directo hacia mí y me dio un beso en la mejilla y, a continuación, me rodeó con sus brazos y me dio un cálido abrazo.

–Pues, mire, doctor –dijo–, le he traído unas galletas de avena y pasas acabadas de hacer, y quiero que me prometa que se las comerá –veloz, sacó una bolsa marrón de su enorme bolso y me la acercó.

¿Cómo supo que eran mis galletas preferidas? Le di las gracias y puse la bolsa de galletas sobre mi mesa; luego la hice sentar en la camilla para echarle un buen vistazo.

–Ahora dígame, señora Polosky, ¿cómo se encuentra? –le pregunté con una gran sonrisa.

–Estoy perfectamente, doctor Castaldo, gracias a usted.

Entonces, antes de que pudiera detenerla, soltó el bastón y la bolsa y levantó ambas manos por encima de la cabeza, hacia el techo, y moviendo los dedos ejecutó una pirueta sobre ambos pies.

–¡*Mire* qué bien estoy! –exclamó con orgullo.

La exploración fue perfectamente normal. No pude encontrar la más mínima muestra de debilidad ni de pérdida visual. Teniendo en cuenta su edad, Irene se encontraba en una forma excelente, con las extremidades fuertes, la voz alta y clara y la mente aguda.

–Venga –le dije tomándole la mano–. Me gustaría que todo el mundo en la oficina la viera.

La tomé de la mano y la llevé hasta la zona de recepción y empecé a bailar una polka bien animada con ella, mientras tarareaba en voz alta «El barril de cerveza», haciendo las veces de una banda de música. Riéndose encantada, Irene bailó despacio, pero con gracia y sin perder el ritmo en ningún momento. Mientras girábamos enlazados y mejilla con mejilla por todo el vestíbulo, vi cómo los médicos y las enfermeras miraban desde las puertas de sus consultorios, entre divertidos y confundidos. Por una vez, no me importó lo que estuvieran pensando. El corazón me latía con fuerza. Mi paciente se encontraba bien, estaba entera y ella y yo bailábamos en el paraíso.

* * *

Actualmente es común hablar de la importancia de la «relación médico-paciente». Normalmente esta relación se centra en el esfuerzo tanto del médico como del paciente para comunicarse clara y honestamente. Pero, de vez en cuando, en el transcurso del trabajo conjunto, brota algo más entre un médico y un paciente, algo más profundo, algo que se acerca a la comunión entre dos personas. En aquel momento no lo sabíamos, pero Irene y yo nos ofrecimos el regalo de la fe cuando ambos más lo necesitábamos. Su confianza firme y tranquila en mí durante su gravísima crisis me proporcionó el coraje que necesitaba para seguir adelante con un tratamiento de riesgo extremadamente elevado. Por mi parte, yo le ofrecí a Irene mi propia fe profunda de que se recuperaría totalmente en un momento en el que estaba ahogándose entre dudas y desánimo.

En medicina y en terapéutica, ¿dónde termina el papel de la tecnología y dónde empieza el del espíritu? Lo que sé de todo eso sólo viene de mi propia experiencia y de mis convicciones. Mientras trataba a Irene y la iba conociendo, nos ofrecimos el uno al otro ese tipo de fe que da un alentador empujón espiritual de fortaleza y salud. A menudo, la recuperación de una enfermedad depende de la medicina o de la cirugía; no hay discusión sobre eso. Sin embargo, creo que la curación también surge de profundos manantiales de esperanza, confianza y optimismo. Lo sé de buena tinta: cuando el espíritu baila, el cuerpo anhela seguirle el ritmo.

Su opinión es importante.
En futuras ediciones, estaremos encantados
de recoger sus valoraciones sobre este libro

El hombre con el tatuaje de hierro.
Los médicos aprenden de sus pacientes

Por favor, háganoslas llegar a través de nuestra web

www.plataformaeditorial.com

Una gran selección de frases que aprecian la vida,
que transmiten fuerza. Son perlas de sabiduría
que nos ayudan a descifrar el mundo.